Liköre!

Fruchtliköre
Blütenliköre
Sahneliköre
Kräuterliköre
& zuckerfreie Liköre

über 150 Rezepte

compbook starcooks

Elisabeth Engler

Liköre!

Fruchtliköre
Blütenliköre
Sahneliköre
Kräuterliköre
& zuckerfreie Liköre

über 150 Rezepte

compbook starcooks

Die Deutsche Nationalbibliothek verzeichnet diese Publikation in der Deutschen National-
bibliografie; detaillierte bibliografische Daten sind im Internet über http://dnb.d-nb.de abrufbar

Herausgeber:
Compbook Verlag
Karl-Heinz Engler
Kirchbergstr.17
D-85402 Kranzberg
www.compbook.de   compbook@gmx.de

Auslieferung: www.bod.de, buchhandel@bod.de

Herstellung:
CompBook Verlag
Druck Books on Demand GmbH, Norderstedt
ISBN 978-3-934473-10-2

Hinweis:
Die Ratschläge, Hinweise und Rezepte in diesem Buch wurden von der Autorin und vom
Verlag mit Sorgfalt erstellt und geprüft. Dennoch kann weder eine Garantie noch
irgendeine Gewährleistung übernommen werden. Alle Angaben erfolgen ohne Gewähr.
Eine Haftung durch Verlag oder Autorin für eventuelle Personen-, Sach- und
Vermögensschäden, die aus der Umsetzung der im Buch angegebenen Ratschläge und
praktischen Hinweise resultieren, ist ausgeschlossen. Grundsätzlich sollte jede
Eigenbehandlung oder die begleitende Einnahme jeglicher Arznei – auch von
Naturheilmitteln – mit dem Arzt abgesprochen werden. Dies gilt besonders während
Schwangerschaft, Stillzeit und bei bereits bestehenden Krankheiten.

Inhaltsverzeichnis

Wissenswertes rund um die Likörherstellung

Inhaltsstoffe von Likören

Folgende Stoffe sind in Likören enthalten, und zwar sowohl in hausgemachten, wie auch in handelsüblichen Produkten:

- Alkohol
- Süßmittel
- Aromen
- Wasser

Die Qualität der verwendeten Komponenten entscheidet dabei natürlich über den Geschmack und die Verträglichkeit des Endproduktes.

Alkohol dient zur Konservierung, zum Auszug der Aromastoffe und als Geschmacksträger. Er gibt Likören den „Pfiff". Daher ist die verwendete Alkoholsorte besonders wichtig und muss mit den übrigen Zutaten harmonieren. Grundsätzlich passen zusammen:

Fruchtliköre	Obstwässer, Obstbrände, Zuckerrohrbrand
Kräuterliköre, Liköre mit leichten und empfindlichen Aromen	Branntwein aus Getreide, Korn (Doppelkorn, Wodka, Weinbrand, Arrak) und Zuckerrohr (Cachaca, Rum)
Sahneliköre	Weinbrand, Cognac, Rum

Die Geschmäcker unterscheiden sich, diese Aufstellung dient nur der Hilfestellung! Es bietet sich ebenfalls eine Mischung von mehreren Alkoholsorten an.

Wie hochprozentig sollte der Alkohol sein?

Auch hier scheiden sich die Meinungen. Manche empfehlen grundsätzlich nur den sehr teuren Weingeist (unvergällter Alkohol, meist aus der Apotheke) mit 90 bis 96% Alkoholgehalt. Dieser eignet sich besonders, um die Aromen auszuziehen. Andere wiederum verwenden grundsätzlich nur Handelsware, die zwischen 32 und 40 % Alkohol enthält. Meiner Meinung nach ist dies abhängig von den Stoffen, die „ausgezogen" werden sollen. Ich habe fast immer sehr gute Ergebnisse und verwende vor allem Obstwasser, Grappa, Wodka, Rum und Weinbrand oder mit 38 oder 40%. Deren eigene Aromen müssen harmonieren mit den übrigen Zutaten Sehr hochprozentiger Weingeist muss dagegen wieder herunter reduziert werden mit Wasser, Sirup oder Saft, sonst erhält man keinen Likör sondern einen hochprozentigen, süßen Schnaps. Zucker löst sich übrigens erst in verdünntem Alkohol. Medizinische Tinkturen werden mit einem Weingeist mit 70 Vol.-% erstellt. „Normalerweise" liegt der Alkoholgehalt von Likören zwischen 15 und 40 Prozent (es gibt auch Ausnahmen). Ätherische Öle lösen sich vor allem in hochprozentigem Ethanol.

Weiteres siehe Rubrik „Wie man den Alkoholgehalt berechnet"

Süßmittel sind nicht nur weißer, gebleichter Zucker, sondern auch brauner Rohrzucker, Honig oder eingedickte Pflanzensäfte wie Ahornsirup und Agavendicksaft. Die Fruchtsüße der verwendeten Obstsorten bringt ebenso eine bestimmte, zu berücksichtigende Süße. Manche Gewürze und Kräuter wie zum Beispiel Stevia oder Süßholz haben ebenfalls eine starke Süßwirkung. Dem Zucker kommt vor allem bei niedrigprozentigen Likören nicht nur eine süßende, sondern auch eine konservierende Funktion zu. Manche Aromen lösen sich in Kristallzucker (wie auch in Salzkristallen übrigens) besonders gut, daher habe ich diese Methode öfters verwendet in meinen Rezepten. Sie verkürzt in der Regel die nötige Ruhezeit enorm.

Der Mindestzuckergehalt von Likören ist sogar gesetzlich geregelt: in der EU derzeit bei 100 g Zucker pro Liter, bzw. dementsprechend ein Süßmittel, das der Süßkraft von 100 g Invertzucker entspricht. Creme- oder Cassisliköre unterliegen dabei anderen Anforderungen.

Brauner Zucker und Vollrohrzucker verändern nicht nur die Farbe des Likörs, sondern geben auch einen eigenen, würzigen Geschmack mit ab. Daher sollte er nur verwendet werden, wenn dies auch erwünscht ist und zu den anderen Inhaltsstoffen passt. Der in einigen Rezepten verwendete Moscobadozucker ist ein besonders dunkler Vollrohrzucker, der intensive, würzige Eigenaromen besitzt.

Aromen werden Likören zugesetzt in Form von Früchten, Gewürzen, Kräutern oder Essenzen derselben in Zucker (als Sirup oder in Kristallzucker aromatisierte Stoffe) oder Alkohol. Künstliche oder naturidentische Aromate verwenden wir hier nicht! Diese bekommen wir sowieso genug in normalen Lebensmitteln ab. Unsere Aromen bekommen wir mittels Extraktion (s. unten), bei der bestimmte Stoffe in ein Alkohol – Wasser – Gemisch (wie es auch der handelsübliche Alkohol ist) für mehrere Stunden bis hin zu mehreren Monaten eingelegt werden. Dadurch lösen sich die darin enthaltenen Wirkstoffe, die alkohol- oder wasserlöslich sind. Rein fettlösliche Wirkstoffe werden hierbei nicht frei. Eine Herstellung von Likören kann auch mit Hilfe von ätherischen Ölen geschehen. Diese sind allerdings extrem aromatisch und bedürfen einer sehr genauen Dosierung. Nur mit erstklassigen naturbelassenen oder natürlichen ätherischen Ölen können auch erstklassige Ergebnisse erreicht werden. Diese sind leider auch entsprechend teuer! Naturidentische oder künstliche ätherische Öle sind mit synthetischen Substanzen durchsetzt und eignen sich nicht für unsere Zwecke. Sind bereits ätherische Öle im Haushalt vorhanden, die diesen Kriterien entsprechen (am besten kba Anbau, als Bio-Qualität), kann man aber eine bestimmte Geschmacksrichtung durch (sehr vorsichtige) Aromatisierung des Liköransatzes mit ein paar wenigen Tropfen noch herausstreichen. Ätherische Öle sind nicht wasserlöslich, daher müssen sie in den (möglichst hochprozentigen) Alkohol gegeben werden. Dann wird das Ganze gut verschüttelt. Wie gewohnt ruhen lassen und weiterverarbeiten.
Für den Geschmack unserer selbst hergestellten Liköre sind die Aromen die wichtigsten Zutaten. Daher verwenden wir qualitativ sehr hochwertige und naturbelassene Bestandteile!

Wasser hat sowohl die Funktion, den Alkoholgehalt des Endproduktes zu reduzieren, als auch in manchen Likören die, wasserlösliche Aromen zu lösen.

Dabei sollte ein möglichst wenig kalk- und magnesiumhaltiges Wasser verwendet werden. Diese werden durch hochprozentige Alkohole ausgefällt und es entstehen unerwünschte Trübungen der Flüssigkeit. Hat man jedoch nur sehr hartes Wasser in seiner Küche, greift man auf weiches Quellwasser, natürliches Mineralwasser ohne jegliche Zusätze (wie Kohlensäure) oder auch auf destilliertes Wasser (ohne Zusatzstoffe!) höchster Qualität aus der Apotheke zurück. Im Übrigen tut es auch ein handelsüblicher Wasserfilter, der zumindest viele Kalkanteile aus dem Wasser herausholt.

Wie der Alkoholgehalt berechnet wird:

Unter dem Begriff „Alkoholgehalt" versteht man, wie viel Ethanol, also Alkohol, in einer Flüssigkeit, in unserem Fall zumeist Wasser, enthalten ist. Dies wird durch Volumenprozent (%) angegeben. Da die beiden Komponenten eine unterschiedliche Dichte haben (Wasser hat eine höhere Dichte als Alkohol), kann man aufgrund eben dieser Dichte den Alkoholgehalt einer Flüssigkeit berechnen, sofern sie ausschließlich aus Wasser und Alkohol besteht. Hierfür gibt es sogenannte Aräometer oder Alkoholmeter. Durch den Zusatz von Zucker und auch anderen Stoffen in Likör, lässt sich dieser leider nicht zur Alkoholbestimmung hierfür verwenden.

In einem Likör mit 32 Vol.-% sind 32 ml Ethanol pro 100 ml Likör enthalten. 52 ml Ethanol und 48 ml Wasser ergeben allerdings ein Gesamtvolumen von 96,3 ml, nicht von 100 ml! Exakte Umrechnungsformeln, mit deren Hilfe man im Hausgebrauch sich den genauen Alkoholgehalt seines Likörs errechnen kann, gibt es leider nicht. Vor allem, weil man dafür erst einmal den genauen Zuckeranteil – nicht nur des verwendeten Zuckers, sondern auch des in den Früchten enthaltenen Fruchtzuckers – wissen müsste. Genaues könnte man nur durch Labortestverfahren errechnen lassen oder mit relativ komplizierten Tests (mittels Erhitzen oder Destillation etc.).

Für den Hausgebrauch, bei dem es nicht um ein Prozent mehr oder weniger geht, kann man vereinfachte Berechnungen vornehmen:

Hierfür werden folgende Angaben benötigt:
- Menge des fertigen Getränks in ml
- Volumenprozent des verwendeten Alkohols (Vol. -%)
Spezifisches Gewicht von Alkohol: nämlich 0,8 g/ cm^3
(1 ml Alkohol wiegt übrigens rund 0,8 g, dementsprechend sind 1 g Alkohol 1,25 ml)

Die Berechnungsformel zur Bestimmung des Alkoholgehalts lautet:
Menge in ml * (Vol.-% : 100) * 0,8 = … Gramm reiner Alkohol * 1,25 = Inhalt in ml

Beispiel: bei 1 L Wodka mit 40 Vol.-%:
1000 ml * (40 % : 100) * 0,8 = 320 g Alkohol) * 1,25 = 400 ml
Der restliche Inhalt vom Wodka ist Wasser.

Mischt man also nun einen Likör mit 1 L an aus 0,7 L Wodka mit 40 Vol.-% und anderen, nichtalkoholischen Ingredienzen, so enthält das Endprodukt (der fertige Likör) etwa 224 g reinen Alkohol. Das ist ein Volumen von 280 ml. Gemessen am Gesamtvolumen von 1 L wären das rund 28 Vol.-%.
Da sich aber sowohl Zucker als auch Fruchtzucker, der in Obst, Säften oder Honig enthalten ist, veränderlich auswirken auf den Alkoholgehalt eines Produktes (viele Stoffe haben selbst einen geringen Alkohol - Eigengehalt), ist die Angabe wie gesagt, nicht ganz genau! Man hat hierdurch aber doch einen gewissen Überblick, wie viel Alkohol in dem selbst gemischten Likör enthalten ist, was auch in Hinsicht auf die Haltbarkeit wichtig ist.
Nur wenn das Produkt verkauft werden soll im Handel, schreibt die Kennzeichnungspflicht vor, den exakten Alkoholanteil anzugeben.

Übrigens gibt es die Möglichkeit der sogenannten „Kryoextraktion", bei der von einem Schnaps mittels starker Kältezufuhr (im Gefrierschrank) der Wasseranteil gefroren wird, während der Ethanolanteil flüssig bleibt. Dabei werden vorhandene Aromen zerstört. Ob dies für uns von Bedeutung ist, überlasse ich Ihnen. Ein Testversuch ist allerdings immer interessant!

Läuterzucker und Invertzuckersirup

Bei der weiteren Verarbeitung des nun fertigen Ansatzes wird oftmals ein Zuckersirup hinzugefügt. Man kann sich diesen auch bereits vorher (gegebenenfalls auch in größeren Mengen) auf Vorrat herstellen, denn er hält sich kühl und dunkel aufbewahrt fast unbegrenzt. Dazu wird im Verhältnis 1:1 Wasser mit (weißen, raffinierten) Zucker (als 1 Kg Zucker auf 1 L Wasser) unter Rühren aufgekocht. Sich absetzender Schaum, der aus Verunreinigungen besteht, kann man dann abschöpfen (läutern). Nach etwa 2 Minuten Kochvorgang schaltet man den Herd einfach aus und füllt den Sirup, sobald er nicht mehr kocht, in geeignete, saubere Fläschchen ab. So erhält man 1,6 L Läuterzuckersirup. In der weiteren Likörherstellung ist dies nicht nur sehr praktisch, sondern gibt dem Likör auch eine angenehme, samtige Konsistenz. Dabei muss man allerdings darauf achten, den Likör nicht zu überzuckern. Die Zuckerkonzentration kann aber mit Sirup leichter eingestellt werden. 1 Liter Läuterzucker hat dabei eine Süßkraft von etwa 625 g Zucker.

Eine Variante des Läuterzuckers ist der sogenannte Invertzucker. Durch Zusatz von Zitronen- oder Weinsteinsäure und Natron (erhältlich in Drogerien und Apotheken) wird eine spätere Auskristallisierung des erkalteten Sirups verhindert und ein besonders sämiger, geschmacklich runder Sirup erhalten. Viele Süßspeisen, Desserts und Eis sowie auch von Likör sollen dadurch noch „runder" werden. Invertzuckersirup wird übrigens in der Lebensmittelindustrie oftmals als „Glukose-Fruktose-Sirup" bezeichnet. Er kann aber auch selbst hergestellt werden. Hier ist das Rezept:

Invertzuckersirup

500 g weißer Haushaltszucker
250 ml Wasser
¾ TL Weinsteinsäure oder Zitronensäure
¾ TL Natron (Backnatron, doppelsaures Natron)

Wasser, Zucker und die Säure in einem großen Kochtopf erhitzen. Nicht kochen lassen, die Temperatur konstant auf 75 bis 85°C halten. Gelegentlich umrühren.
Nach 2 Stunden das Natron zufügen. Gut durchrühren, es findet eine heftige Schaumbildung statt (darum den großen Kochtopf!). Nun noch heiß abfüllen und kühl lagern oder weiter verwenden. Abgekühlt ist der Sirup dickflüssig, fast etwas zäh und weiß bis hellgelb.

Etwa die Hälfte bis ein Drittel der Zuckermenge kann durch Invertzucker ersetzt werden. Seine Süßkraft ist stärker als die des Läutersirups.

Haltbarkeit

Nachstehen zu den Rezepten finden sich immer die Angaben, wie lange der Likör haltbar ist. Dies ist aber immer nur eine Richtlinie, es kommt dabei sowohl auf die Sauberkeit der verwendeten Utensilien wie auch auf den Gehalt an Alkohol und Zucker, soweit abgeändert, an. Die Lagerung ist ebenfalls ein wichtiger Faktor im Punkte Haltbarkeit. Dies sind also Erfahrungswerte, die dabei bitte zu berücksichtigen sind. Stellen Sie fest, dass sich Geschmack, Aussehen, Geruch spürbar verändert haben (zum Negativen natürlich), sollten Sie die Reste vorsichtshalber eher entsorgen. Ich habe allerdings auch schon Liköre über Jahre hin aufgehoben (oder eher übersehen) und festgestellt, dass sie ohne weiteres noch trinkbar waren. Nur süßer werden sie meist, denn sowohl Wasser als auch Alkohol verdunsten etwas. Manche Aromen bauen sich auch bei längerer Lagerung ab, so dass dieser Genuss kein wirklicher mehr ist.

Ansetzen

Kräuter und Gewürze, Früchte oder Fruchtauszüge (Säfte) werden in Alkohol gelegt oder mit diesem vermischt, um die Aromen darin zu lösen. Je nach Alkoholgehalt und nach Art der Aromen dauert das unterschiedlich lange. Wärme spielt hierbei eine wichtige Rolle, denn bei Wärme (Zimmertemperatur reicht dabei meist aus) lösen sich die Aromen und Wirkstoffe schneller heraus. Besonders für Früchte ist dabei allerdings direktes Sonnenlicht eher schädlich. Dagegen Kräuter, Blüten und Gewürze lassen sich das Sonnenlicht meist gerne gefallen.
Wie lange man dem Ansatz dann Zeit gönnen sollte, um zu ruhen, steht bei den einzelnen Rezepten dabei. Viele Frucht- und Gewürzansätze werden allerdings durch noch längere Ruhezeiten noch besser im Geschmack. Ansatzzeiten bis zu einem Jahr kommen in „Expertenkreisen" durchaus öfter vor!

Extrahieren

Um ein sogenanntes Extrakt, einen Auszug, herzustellen, benötigt man Alkohol (Ethanol, in der Medizin meist 70 Vol.-%) und Kräuter oder Gewürze. Dieser Extrakt oder diese Tinktur bildet die eigentliche Grundsubstanz unseres Likörs. Eine Möglichkeit, ein Extrakt zu gewinnen ist dabei das

Mazerieren

bei dem durch die Versetzung der Trägersubstanz mit Wasser oder Alkohol für einen bestimmten Zeitraum die gewünschten Farb- und Aromastoffe herausgelöst werden. Durch leichte Erwärmung (zum Beispiel durch direktes Sonnenlicht oder bei warmer Zimmertemperatur) wird dieser physikalische Prozess unterstützt und beschleunigt. Das Endprodukt nennt man Mazerat. Bei der Likörherstellung dient es als Grundaroma für den Likör.

Destillieren

Sowohl in der heutigen professionellen Herstellung als auch in den Anfängen der Likörherstellung, die meistens in klösterlichen oder höfischen Küchen erfolgte, wurde und wird der Ansatz von Früchten und Gewürzen in Alkohol nochmals destilliert. Der so erhaltene Brand wird qualitativ noch feiner, noch hochwertiger, die Aromen besonders würzig.
Leider steht dies den meisten Haushalten nicht zur Verfügung, insofern verzichte ich hier in meinen Rezepten auf dieses Verfahren.

Vergärung von Früchten

Für die Likörherstellung wird keine Gärung benötigt. Sollte ein Likör oder Liköransatz dennoch gären, sind vermutlich unerwünschte Hefen eingedrungen und das Produkt ist verdorben. Über 23 Vol.-% Ethanolgehalt sterben Hefekulturen aber ab, so dass keine Gefahr mehr für eine unerwünschte Gärung bestehen dürfte.
Dagegen für die Herstellung von Wein, Sekt, Bier und ähnliches Getränke unter 20 Vol.-% Alkohol sind die Gärprozesse unerlässlich.

Medizinische Wirkung von „Drogen"

In vielen der hier genannten Rezepten werden Gewürze und Kräuter verwendet. Alle Lebensmittel haben eine bestimmte Wirkung auf unseren Körper, wenn wir sie zu uns nehmen. Ganz besonders aber Kräuter und Gewürze, aus denen auch die Naturmedizin schöpft. Daher muss immer bei Genuss von Likören, die dieselben enthalten, auch eine gewisse Auswirkung auf unseren Körper bedacht werden. Die Wirkung kann zum Beispiel eine Stärkung des Verdauungstraktes oder des Verdauungsvorganges an sich sein (siehe Magenlikörchen, Kornelkirschenlikör), eine Steigerung des Stoffwechsels durch vermehrten Harndrang (Berberitzenlikör) eine Stärkung des Herzens insgesamt (Rosmarinaro) oder eine anregende Wirkung auf die sogenannte Libido (Frühlingsgefühle, Honeymoon). Dabei ist allerdings für

Kranke oder Schwangere die Wirkung ebenfalls zu beachten (falls diese überhaupt Likör trinken dürfen!), die dann aber leider auch gegenteilig sein kann. Bei bestehenden Krankheiten bitte immer den Arzt fragen!

Missgeschicke

Auch das passiert: ein Likör gerät nicht so, wie man ihn sich vorstellt – er schmeckt also nicht! Halt, nicht gleich wegschütten! Vielleicht ist ja noch etwas zu retten…

Problem:

1. der Likör ist zu süß oder zu säuerlich
2. ein Gewürz schmeckt vor
3. es ist zu viel oder zu wenig Alkohol darin
4. er ist zu dünn- oder dickflüssig
5. irgendetwas passt nicht zusammen
6. die Flüssigkeit ist nicht klar genug

Lösung:

zu 1.: verdünnen mit abgekochtem Wasser oder einem passenden Saft bzw. etwas Zucker oder Zuckersirup nachgeben

zu 2.: herausfinden, welches Gewürz vorschmeckt und „gegensteuern", das heißt, entweder mit einem anderen Gewürz oder mit Fruchtsaft den Geschmack in die gewünschte „Richtung" bringen. Erst mit einer Kleinstmenge austesten! Es gibt auch die Möglichkeit, mittels fester oder flüssiger Aktivkohle (Kelterei-bedarf), die in das Getränk gegeben wird, den Geruch und Geschmack neutraler zu bekommen. Dabei werden allerdings auch die erwünschten Aromen neutralisiert, wenn man nicht vorsichtig genug ist! Anschließend wird der Likör wieder gefiltert.

zu 3.: vorsichtig mit abgekochtem und abgekühlten (evt. destilliertem) Wasser verdünnen bzw. etwas von dem verwendeten Alkohol nachgeben.

zu 4.: ist der Likör unerwünscht dünnflüssig, hilft die Zugabe von Invertzuckersirup oder Honig. Dadurch würde sich aber auch der Zuckergehalt erhöhen. Ist dies nicht erwünscht, könnte man ihn auch andicken: mit etwas Johannisbrotkernmehl oder Stärke (mit etwas Wasser aufkochen, abkühlen lassen und zugeben). Oder man verwendet von vorne herein einen Sirup aus Traubenzucker und Malzzucker.
Ist der Likör dagegen zu dickflüssig, streckt man ihn mit der entsprechenden Wasser / Alkohol-Mischung, bis die gewünschte Konsistenz erreicht ist.

zu 5.: hier muss man selbst wie ein Sommelier herausschmecken, was genau nicht „stimmt": man nimmt dazu ein kleines Gläschen und testet den Geschmack (am besten zusammen mit anderen Testpersonen). Fällt nichts Konkretes auf, so fängt man an, auszuprobieren, indem man erst etwas Zucker, dann Alkohol, dann Gewürze hinzufügt. Jedesmal aber genau protokollieren, was man verwendet und welche Menge davon! Ist nun der gewünschte Geschmack erreicht, rechnet man um, wie viel für die gesamte Likörmenge erforderlich ist und würzt alles entsprechend.

zu 6.: befinden sich doch noch ungewollt Schwebstoffe oder Trübungen im Likör, muss dieser nochmals gefiltert werden. Die kann entweder passieren mittels eines Kaffeefilters, eines Mulltuchs, das angefeuchtet wird und in ein Sieb gelegt oder mit einem Dauerfilter aus Metall (für Kaffeemaschine, handelsüblich). Theoretisch kann man auch die Flasche länger stehen lassen, bis sich die Schwebstoffe abgesetzt haben, und den klaren Teil davon umschütten, während der trübe untere Absatz der Flasche durch einen Filter gegeben oder direkt weggeschüttet wird.

B. Die Rezepte

Die hier aufgezeichneten Rezepte sind besonders hinsichtlich ihres Gehaltes an Alkohol und Zucker an den individuellen Geschmack anzupassen, da bekanntlich jedermann -/frau anders empfindet. Hier scheiden sich die „Geister", besonders das Süßempfinden ist sehr unterschiedlich. Sogar innerhalb meiner eigenen Familie mag jeder seine Süße anders.

Da sowohl der Gehalt an Zucker als auch an Alkohol über die Haltbarkeit des Endproduktes entscheiden, sollte dementsprechend eine Reduzierung derselben nur bis zu einem bestimmten Anteil vorgenommen werden. Ab und zu einmal zu kontrollieren, ob das Getränk noch gut ist, ist am sichersten!

Notieren Sie sich jede Änderung, die Sie an den Zutaten vor-nehmen, damit eine Wiederholung einer gelungenen Likörzubereitung möglich ist. Schon nach Kurzem weiß man nämlich nicht mehr, ob es nun 100 oder doch nur 50 Gramm waren….

Filtern

Klar, milchig oder trüb? Wie klar hätten Sie`s denn gern?
Besonders Früchte und feine Kräuter geben Rückstände an den Likör ab, der im Handel natürlich absolut verpönt ist, im Hausgebrauch dagegen oftmals nicht so eng gesehen wird. Je klarer der Likör sein soll, desto öfter muss halt gefiltert werden. Das ist nicht nur mit Arbeit, sondern auch mit leichten Verlusten verbunden, es „schwindet" mit jeder Klärung in den Filterstoffen oder Tüchern, die verwendet werden, ein Teil (je nach Filter 10 bis 25 Prozent) der Flüssigkeit. Manchmal genügt es auch, wenn man abwartet und nach der Reifezeit den oberen, klaren Teil der Flüssigkeit abgießt zur weiteren Verwendung, und den unten abgesetzten „Schlamm" wegschüttet.
Soll ein Likör verschenkt werden, wäre es wohl schon angebracht, dass er auch appetitlich und klar aussieht.

Verschiedene Hersteller bieten Kaffeefilter mit unterschiedlich großen Poren an, die sich gut eignen, Schwebstoffe aus Flüssigkeiten zu filtern.

Als „intensiv" werden oft kleine Poren und als „mild" oder „original" größere Poren der Filter bezeichnet.

Zur ersten Filterpartie genügt ein Metallfilter mit nicht so feinen Poren oder ein Sieb. Auch eine Mullwindel ist sehr gebräuchlich und praktisch: vor der ersten Benutzung muss sie mindestens einmal in der Waschmaschine gewaschen und möglichst zweimal im Wäschetrockner getrocknet werden, dann erst werden die Fasermaschen enger.

Diese Mullwindel (oder ein anderes Tuch) wird nun leicht angefeuchtet und die Fruchtmasse hinein gegeben. Die Ecken zusammen nehmen und das Bündel eindrehen. So presst man den Saft heraus. Immer wieder drücken und drehen, bis kein Saft mehr kommt. Die so erhaltene Flüssigkeit aber nochmals durch einen feinen Filter geben!

Bitte bedenken Sie auch hier, dass bei jedem Filtervorgang leider ein mehr oder weniger großer Anteil am Likör „schwindet"!

Zitronen- und Orangenzucker

In vielen Rezepten wird dieser Aromazucker entweder angegeben, oder aber er könnte es noch verbessern. Daher empfehle ich, diesen bereits vor Beginn der Likörbereitung herzustellen:

Hierbei wird die Frucht mit heißem Wasser abgewaschen, dann gut ab-getrocknet. Mit einem Zestenreißer (Zesteur) oder einer feinen Reibe wird die Schale ohne die weiße Unterhaut (wichtig, denn diese ist sehr bitter!) entfernt und für unsere Zwecke eingesetzt.

Dabei nehmen wir auf:

1 Orange je 3 EL Zucker oder
auf 1 Zitrone oder Limette je 2 EL Zucker
und vermischen beides gut miteinander. Das Ganze nun in ein Glas abfüllen und verschließen. Nach mindestens 1, besser aber 2 Tagen ist der Aroma-zucker verwendbar. er hält sich aber auch gut und gerne 3 Wochen. Man

muss ihn aber meist dann nochmals durchrühren, da er gerne fest wird. Ein fantastischer Geruch und ein noch besseres Aroma belohnen die Mühen!

Unbedingt unbehandelte Zitrusfrüchte verwenden, sonst isst man die Pestizide und ähnliche Stoffe mit (auf Hinweis „Schale für den Verzehr geeignet" o. ä. achten!).

Zitronen- und Orangenzucker kann dabei sowohl mitgekocht, zum Karamellisieren verwendet oder aber noch als fruchtiges, ergänzendes Aroma dem fast fertigen Endprodukt zugegeben werden. Eine sehr kleine Menge davon verwendet, eignet sich übrigens sehr gut zur Ergänzung von Gerichten aus der asiatischen Küche, sowie Geflügel- und Schweinefleischgerichten.

1. Frucht- und Blütenliköre

Fruchtliköre sollten nicht an der Sonne, sondern an einem zimmerwarmen Ort ruhen, um sowohl Farbe als auch Geschmack nicht negativ zu beeinflussen.

Ausnahmen bestätigen, wie immer, die Regel:
Nüsse, Hagebutten, Ebereschenbeeren vertragen Sonnenlicht gut.

Amaretto

200 g Mandeln, ungeschält
400 ml Wasser
250 g Zucker
1 TL Vanillezucker
½ Stange Zimt
1 Sternanis
5 Tropfen Bittermandelaroma
0,5 L Weinbrand oder Cognac

Die Mandeln in einem Sieb mit heißem Wasser waschen. Mit 400 ml Wasser in einen hohen Topf geben und mit dem Passierstab grob mahlen. Dann den Zucker, die Zimtstange und den Sternanis zugeben und 5 Minuten lang vorsichtig kochen lassen, dabei immer wieder umrühren, damit nichts anbrennt (reagiert ähnlich wie Milch). Danach das Bittermandelaroma zugeben. Erkalten lassen und in eine Flasche füllen. Mit dem Alkohol auffüllen. Verschließen und an einem warmen Ort ruhen lassen.
Nun filtern: erst durch ein Sieb, danach durch einen Kaffeefilter, bis die Flüssigkeit klar ist. Abfüllen und verschließen, kühl aufbewahren.

Ergibt etwa 0,8 L
Ruhezeit: 2 Wochen
Haltbarkeit: 6 Monate

Ananaslikör

½ sehr reife, frische Ananas
1 Zweig Zitronenmelisse
50 ml weißer Rum
50 ml Weinbrand
350 ml Weingeist, 96%
1 Orange, unbehandelt
500 ml Wasser
500 g Zucker

Die gewaschene Ananas vom Strunk und Blattansatz befreien, die Schale abschneiden und das Fruchtfleisch in kleine Stücke schneiden. Die Schale und die Fruchtstücke in ein Ansatzgefäß geben. Die Orange abwaschen, die Schale davon mit zur Ananas geben. Mit dem Weingeist begießen, die Zitronenmelisse zufügen und an einem warmen Ort ruhen lassen.
Nach der Ruhezeit durch ein Sieb oder ein Mulltuch pressen.

Den dabei erhaltenen Ansatz nun mit dem Rum und dem Weingeist vermischen. Aus Wasser und Zucker einen Sirup kochen und abgekühlt mit dem Alkoholansatz mischen. Abfüllen und verschließen, nach 8 bis 10 Tagen nochmals durch ein Tuch oder einen Kaffeefilter klären. Kalt genießen.

Ergibt etwa 1,4 L
Ruhezeit: 2 Wochen
Haltbarkeit: 8 Monate

Apfellikör

100 g getrocknete, nicht geschwefelte Apfelscheiben
1 Zweig Zitronenmelisse
½ Muskatnuss
1 Stück Orangenschale, unbehandelt
400 ml Obstwasser
100 ml Läuterzucker

Die getrockneten Apfelscheiben in ein Ansatzgefäß geben. Die Zitronen-melisse waschen und grob hacken, mit der gehackten Muskatnuss und der Orangenschale den Äpfeln beigeben. Mit dem Obstwasser begießen und verschließen. An einem warmen Ort ruhen lassen.
Nach der Ruhezeit klar filtern und abfüllen. 1 Monat lang nachreifen lassen.

Ergibt etwa 0,6 L
Ruhezeit: 4 Wochen
Haltbarkeit: 8 Monate

Aprikosenlikör

400 g Aprikosen mit Kernen
5 Gewürznelken
5 ganze Kaffeebohnen
1 Vanilleschote
1 Limette, unbehandelt
0,25 L Weingeist, 96%
0,3 L Weinbrand
300 g Zucker
0,6 L Wasser

Die Aprikosen waschen und entkernen. Die Kerne dabei nicht wegwerfen, sondern weiterverarbeiten. Man legt sie dazu auf eine feste Unterlage (Schneidebrett), bedeckt sie mit einem Tuch, damit sie nicht wegspringen können und zertrümmert sie mit einem Hammer oder Fleischklopfer. Dann kommen diese Kerne in ein Glas, der Weingeist und die abgeriebene Limettenschale werden zugegeben und das Ganze verschlossen. Es wird nun für 1 Woche an einem warmen Ort extrahiert. Danach das Ganze durchseihen und zu dem folgenden Aprikosenansatz geben:
Die Aprikosen vierteln, mit dem Weinbrand übergießen, die Vanilleschote aufschlitzen und zusammen mit den Gewürznelken und den Kaffeebohnen in ein Ansatzgefäß geben. Die Aprikosen müssen mit dem Weinbrand bedeckt sein! Verschließen und ebenfalls an einen warmen Platz zum Ruhen geben (2 Wochen). Nun durch ein Sieb geben, nochmals durch ein Tuch klären. Wasser und Zucker 4 Minuten lang zu einem Sirup verkochen und den Ansatz damit bis zur gewünschten Trinkstärke verdünnen. Abfüllen und 1 Monat lang reifen lassen an einen kühlen und dunklen Ort. Vor dem Genuss eventuelle Schwebstoffe nochmals klären (Kaffeefilter).

Ergibt etwa 1,4 L
Ruhezeit: 1 Woche, nochmals 2 Wochen
Haltbarkeit: 3 Monate

Aronialikör

250 g getrocknete Aroniabeeren
330 ml Aroniasaft, pur, möglichst Bio
1 Vanilleschote
1 Zweig Rosmarin
0,5 L Wodka
100 ml Weinbrand
100 g weißer Kandis

Aroniabeeren waschen und 20 Minuten in Wasser ein-weichen. Dann trocken schütteln und mit der aufgeschlitzten Vanilleschote, den Kandis und den gewaschenen Rosmarin in ein Ansatzgefäß geben. Wodka und Weinbrand zufügen und verschlossen an einem warmen Ort ruhen lassen.
Nach der Ruhezeit durch ein Tuch filtern, die Beeren dabei durchdrücken. Nochmals durch einen Kaffeefilter klären. Den Aroniasaft erhitzen, aber nicht kochen lassen. Lauwarm mit dem Ansatz vermischen und abfüllen. Nochmals 3 – 4 Wochen lang reifen lassen an einem kühlen Ort.

Ergibt etwa 1 L
Ruhezeit: 1 Monat
Haltbarkeit: 8 Monate

Bananas

1 reife Banane
1 Zitrone
350 ml Cachaça (Zuckerrohrschnaps)
50 g Kandis
200 ml Ananas-Saft
50 g Rohrzucker

Die Banane schälen, mit einer Gabel gut zerdrücken. Den Saft der Zitrone zu-geben und in ein Glas füllen. Mit dem Cachaça auffüllen. Den Kandis darüber geben und verschlossen ruhen lassen.

Danach durch ein Sieb schütten, nochmals durch ein Tuch klären und in eine Flasche geben. Den Ananas-Saft mit dem Zucker kurz aufkochen. Durch ein Sieb in die Flasche füllen und alles gut miteinander vermischen.

Ergibt etwa 0,6 L
Ruhezeit: 1 Woche
Haltbarkeit: 3 Monate

Bananenlikör

250 ml Wasser
250 g Zucker
½ sehr reife Banane
0,4 L weißer Rum
etwas Gazetuch
1 Bindfaden
1 großes, verschraubbares Glas

Die Banane schälen, eventuelle Druckstellen entfernen. In ein sauberes Gaze- oder Mulltuch wickeln. Mit Bindfaden beide Seiten zubinden. In ein Glas hängen. Wasser und Zucker 3 Minuten lang zu einem Sirup kochen lassen. Langsam noch heiß über die Banane gießen. 0,2 L Rum ebenfalls darüber gießen. Die Banane soll nicht die Flüssigkeit berühren, sondern genau darüber hängen. Nun das Glas verschließen und warm stellen. Täglich kontrollieren, ob das Bananenbündel noch über der Flüssigkeit hängt, eventuell hoch ziehen.

Nach 5 Tagen die Banane aus dem Glas nehmen. In ein Messgefäß geben, restlichen Rum darüber schütten und 1 Stunde lang ziehen lassen. Dann die

Banane leicht ausdrücken und entsorgen. Den Alkohol mit dem restlichen Sirup – Alkohol – Gemisch vermengen und abfüllen. Gekühlt genießen.

Ergibt etwa 0,75 L
Ruhezeit: 5 Tage
Haltbarkeit: 6 Monate

Banane – Orange

1 sehr reife Banane
Saft 1 Zitrone
300 ml weißer Rum
die Hälfte der Schale einer unbehandelten Orange
4 TL Zucker
100 ml Wasser
110 g Zucker

Die Banane schälen und zerdrücken. Mit dem Saft der Zitrone und dem Rum gut vermischen und in ein Ansatzgefäß geben, an einem dunklen Ort ruhen lassen.
2 Tage vor Ende der Ruhezeit die Orangenschale mit 4 TL Zucker vermischen und in ein Schraubglas geben, darin 2 Tage lang ziehen lassen.
Am Ende der Ruhezeit dann den Bananen-Ansatz filtern, nur leicht drücken, damit die Flüssigkeit klar bleibt.
Wasser und Zucker in 5 Minuten lang zu einem Sirup kochen. Vom Herd nehmen und den Orangenzucker zufügen, darin auflösen.
Erkaltet mit dem Bananenrum vermischen und abfüllen. Kalt genießen.

Ergibt etwa 0,5 L
Ruhezeit: 2 Wochen
Haltbarkeit: 6 Monate

Berberitzenbeerenlikör

100 g getrocknete Berberitzen
1 Vanilleschote
100 ml Weinbrand
250 ml Grappa
200 ml Wasser
170 g Zucker

Die Beeren und die in Stücke geschnittene Vanille zusammen mit dem Alkohol in einer Flasche ansetzen, verschließen und bei Zimmertemperatur ruhen lassen. Oft durchschütteln.
Nach der Ruhezeit klar filtern. Aus dem Wasser und dem Zucker einen Sirup kochen, aus-kühlen lassen. Damit verdünnen bis zur gewünschten Trinkstärke.

Ergibt etwa 0,6 L
Ruhezeit: 3 Wochen
Haltbarkeit: 6 Monate

Birnen-Likör

1 kg reife Birnen
400 g Zucker
1 Zitrone
½ Vanilleschote
2 Gewürznelken
150 ml Birnengeist
0,7 L Wodka, 40%
300 ml Wasser

Die Birnen schälen und das Kernhaus entfernen. In Stücke schneiden und mit dem Wasser, der Vanilleschote und den Nelken etwa 10 Minuten lang unter Rühren kochen lassen. Durch ein Sieb passieren. Den Saft erhitzt man nochmals und versetzt ihn nun mit dem Zucker (auf 500 ml Saft 400 g Zucker), den man darin auflöst. Der Saft der Zitrone wird nun ebenfalls zugegeben. Nachdem der Sud abgekühlt ist, wird der Alkohol zugefügt und alles gut miteinander vermengt. In eine Flasche abfüllen und verschließen.

Ergibt etwa 1,7 L
Ruhezeit: 1 Woche
Haltbarkeit: 8 Monate

Brombeer – Sherry

500 g Brombeeren, frisch oder gefroren
100 g Rohrzucker
100 g weißer Zucker
2 EL weißer Zucker
0,5 L Sherry
0,3 L Weinbrand

Die (frischen) Brombeeren waschen, das Wasser vorsichtig abschütteln oder auf Küchenpapier absaugen lassen. In eine Schüssel aus Glas, Keramik oder Kunststoff geben und den Rohrzucker sowie 100 g weißen Zucker darüber geben. Verrühren und über Nacht in den Kühlschrank stellen.
Anderntags füllt man diesen saftigen Brombeerbrei in ein Ansatzgefäß und gibt den Weinbrand sowie die Hälfte vom Sherry zu.
2 EL Zucker in einem Kochtopf schmelzen lassen, wenn er beginnt, Farbe anzunehmen, mit dem Sherry ablöschen und alles unter Rühren zu einem Sirup einkochen. Abgekühlt zu dem Brombeeransatz geben. Verschließen und für 2 Wochen an einen zimmerwarmen Ort stellen ohne direkte Sonne. Nach der Ruhezeit wird das Ganze nun gefiltert und auf Flaschen gezogen. Eine weitere Reifezeit von etwa 3 Monaten sollte man dem Brombeer-

Sherry noch gönnen. Einen Bodensatz, der sich in dieser Zeit gebildet haben kann, entfernt man mittels eines Kaffeefilters.

Ergibt etwa 1,2 L
Ruhezeit: 2 Wochen
Haltbarkeit: 8 Monate

Cranberry – Likör

200 g getrocknete Cranberries, ungezuckert
1 Vanilleschote
3 Gewürznelken
350 ml Obstwasser, 38 %
200 g Zucker
200 ml Rotwein
1 Limone
1 weithalsige Flasche oder Glas mit 1 L Inhalt

Die Cranberries mit heißem Wasser abwaschen, abtropfen lassen und in die Flasche geben. Die Limone gut abwaschen und die Schale abreiben. Mit 1 EL Zucker gut vermischen, über die Früchte geben. Das Obstwasser darüber gießen und die Nelken zugeben. Gut durchrühren und verschließen. Während der Ruhezeit öfters schütteln.
Danach durch ein Tuch oder einen Filtern klären und abfüllen. Die Vanilleschote aufschlitzen und mit dem Rotwein und dem Zucker 3 Minuten lang zu einem Sirup einkochen lassen. Den Sirup mit der Vanilleschote abkühlen lassen. Die Vanille nun entfernen, den Sirup mit dem Alkoholansatz mischen. Nochmals 1 Monat lang reifen lassen, bevor man den Likör trinkt.

Ergibt etwa 0,7 L
Ruhezeit: 4 Wochen
Haltbarkeit: 8 Monate

Ebereschenbeerenlikör

150 g reife Ebereschenbeeren
300 ml Wasser
200 g Zucker
1 Zimtstange
2 EL Orangenzucker
1 EL Kaffeebohnen
0,7 L Grappa

Die Beeren über Nacht einfrieren. Anderntags mit Wasser und Zucker in einem Kochtopf aufsetzen und unter Rühren 25 Minuten lang bei schwacher Hitze einkochen lassen, bis sie schäumt. Dabei die Masse ganz leicht karamellisieren lassen. Abgekühlt mit den anderen Zutaten vermischen und in ein Ansatzgefäß geben. An der Sonne ruhen lassen.
Nach der Ruhezeit durchfiltern, auf Flaschen ziehen und 2 Wochen lang an einem kühlen Ort nachreifen lassen.

Ergibt etwa 0,9 L
Ruhezeit: 2 Wochen
Haltbarkeit: 10 Monate

Eibenfruchtlikör

An der Eibe ist alles (sehr!) giftig, bis auf die Früchte („Arillus") – ohne Kern! Daher muss man die Kerne aus der Frucht entfernen, um diesen aromatischen Likör herzustellen. Jede Frucht umhüllt genau einen Kern. Zum Pflücken verwendet man am besten Handschuhe, um so wenig wie möglich mit den Eiben-zweigen in Berührung zu kommen. Die Frucht ist sehr schleimhaltig, insofern ist das „Herauspulen" des Kerns eine etwas mühsame Angelegenheit.

Es gibt übrigens Forschungen mit bestimmten Eibenbaumarten, deren Früchte einen Wirkstoff beinhalten, der Krebszellen bekämpfen soll.

300 g reife rote Eibenfrüchte
0,3 L Grappa
90 g Zucker
150 ml Wasser
1 EL Limonensaft

Alle Kerne aus den Eibenfrüchten entfernen, ohne sie (die Kerne) zu verletzen. In eine Flasche geben. Den Grappa und den Zucker zufügen und verschließen. Nach der Ruhezeit durchfiltern. Wasser aufkochen und abgekühlt zusammen mit dem Limonensaft (nach Geschmack) zugeben, auf eine Flasche ziehen und 2 Wochen lang nachreifen lassen.

Ergibt etwa 0,5 L
Ruhezeit: 3 Wochen
Haltbarkeit: 6 Monate

Erdbeer – Holunderblütenlikör

500 g Erdbeeren
300 g weißer Kandis
4 Holunderblütendolden
1 Vanilleschote
0,5 L Wodka

Die Erdbeeren waschen, putzen und in Stücke schneiden. In ein großes Glas geben. Die Vanilleschote aufschlitzen und in 3 Stücke schneiden, zugeben. Die Holunderblüten von den Stängeln streifen, zusammen mit dem Kandis ebenfalls zufügen. Den Alkohol darüber gießen und das Glas verschließen. Täglich schütteln.
Nach der Ruhezeit klar filtern und nochmals 1 Woche lang reifen lassen.

Ergibt etwa 0,7 L
Ruhezeit: 2 Wochen
Haltbarkeit: 6 Monate

Erdbeerrum

500 g Erdbeeren
4 Stängel Melisse
200 g Zucker
500 ml weißer Rum
100 ml Granatapfelsirup
1 P. Vanillezucker
100 ml Wasser

Die Erdbeeren waschen, das Grün sowie unreife oder schlechte Stellen herausschneiden. Die Melissenblätter vom Stängel abstreifen und zusammen mit dem Zucker den Erdbeeren zufügen. Gut verrühren und 3 Stunden lang ziehen lassen.
Alkohol, Vanillezucker, Wasser und Sirup zugeben. In eine Flasche füllen, verschließen und bei Zimmertemperatur ruhen lassen.
Nach der Ruhezeit klar filtern und abfüllen. Kühl genießen.

Ergibt etwa 1 L
Ruhezeit: 3 Tage
Haltbarkeit: 3 Monate

Fliederblütentraum

4 Fliederblütenrispen
250 g Zucker
150 ml Wasser
1 Limette
0,75 L Grappa

Den Flieder von Grün und holzigen Stellen befreien. In eine Schüssel geben (nicht aus Metall) und den Zucker darüber geben. Gut vermischen und den Zucker mit den Blüten fest miteinander verreiben. 1 Stunde lang ziehen lassen. Die Limette abwaschen, trocknen und die Schale mit dem Zestenreißer entfernen. Die Limette auspressen, Saft und Zesten zu den Blüten geben. Wasser hinzu schütten und gut verrühren. 1 Tag lang an einem warmen, sonnigen Ort ziehen lassen. Filtern und den Sirup mit dem Grappa vermischen. Abfüllen und kühl und dunkel lagern.

Ergibt etwa 1 L
Ruhezeit: 1 Tag
Haltbarkeit: 8 Monate

Giftapfel

0,5 L Grappa
0,4 L Apfelsaft (Bio)
0,25 L Waldmeistersirup

Alles in einem Topf mischen und leicht erwärmen, dann abfüllen.

Ergibt etwa 1,1 L
Ruhezeit: 1 Woche
Haltbarkeit: 6 Monate

Granatapfellikör

4 Granatäpfel
300 g Zucker
0,5 L Doppelkorn

Die Granatäpfel auspressen (Saftpresse). Ergibt etwa 400 ml Saft. Diesen mit dem Zucker zum Kochen bringen. Die Kochplatte ausschalten, den Topf dort stehen lassen, bis er aufgehört hat zu kochen. Schaum, der sich gebildet hat, mit einem Löffel abschöpfen. Lauwarm mit dem Doppelkorn vermischen und abfüllen. Kühl und dunkel lagern.
Eine Reifezeit von 1 bis 3 Monaten verbessert den Likör noch!

Ergibt etwa 1 L
Ruhezeit: 3 Tage
Haltbarkeit: 10 Monate

Hagebuttenlikör

500 g reife Hagebutten
1 Vanillestange
6 duftende Rosenblüten
150 g weißer Kandis
0,35 L Kirschwasser
0,35 L Wodka

Hagebutten waschen, Blütenansatz und Stiel entfernen. Trocken schütteln und mit den Kernen vierteln. Die Vanillestange aufschlitzen und in Stücke schneiden. Alles zusammen in ein Ansatzgefäß geben. Kandis und Rosenblüten ohne die Blütenansätze darüber schichten. Mit dem Kirschwasser und dem Wodka begießen. Verschlossen an einem kühlen Ort ruhen lassen. Dann durch ein Sieb filtern, bis der Likör klar ist und abfüllen.

Ergibt etwa 0,8 L
Ruhezeit: 4 Wochen
Haltbarkeit: 10 Monate

Haselnusslikör

200 g Haselnüsse
100 ml Whisky, Single Malt
0,5 L Wodka, 40%
10 Wacholderbeeren
4 EL Zucker
6 EL Moscobado- oder Rohrzucker
300 ml Wasser

Die Nüsse grob hacken und ohne Fett in einer nicht beschichteten Pfanne leicht rösten. Dabei ständig rühren, damit sie keinesfalls anbrennen!
Mit den Wacholderbeeren in ein Ansatzgefäß geben und mit dem Whisky und dem Wodka begießen. Zum Ruhen an einen warmen, sonnigen Ort stellen.
Danach durchfiltern. Die Nüsse dabei auffangen. Nochmals durch einen Kaffeefilter klären. Die Nüsse mit dem Wasser, dem Moscobadozucker und dem weißen Zucker mischen und in einen Kochtopf geben. Zum Kochen bringen und 10 Minuten lang leicht köcheln lassen. Vom Herd nehmen und abkühlen lassen. Durch ein Sieb filtern und abgekühlt mit dem Nussansatz vermischen. In eine Flasche abfüllen und kühl lagern.

Ergibt etwa 0,6 L
Ruhezeit: 2 Wochen
Haltbarkeit: 3 Monate

Aufg`setzter Himbeer

300 g Himbeeren
150 g weißer Kandis
1 Sternanis
0,7 L weißer Rum

Kandis, Sternanis und die gewaschenen Himbeeren in ein verschließbares Glas geben. Mit dem Rum auffüllen. Zuschrauben und 4 Wochen lang ruhen lassen. Danach klar filtern und abfüllen.

Ergibt etwa 0,9 L
Ruhezeit: 4 Wochen
Haltbarkeit: 6 Monate

Himbeerlikör mit Ingwer

250 g Himbeeren
100 g Zucker
1 P. Vanillezucker
1 Stück frischer Ingwer
250 ml Weinbrand
50 ml Wasser

Die sauberen Himbeeren in eine Schüssel geben. Den Zucker und den Vanillezucker darüber geben. Den Ingwer schälen und in kleine Stücke schneiden. Zu den Himbeeren geben und gut miteinander vermischen. Nun über Nacht stehen lassen.
Mit dem Passierstab zerkleinern. Das Wasser und den Weinbrand zugeben, in eine Flasche füllen und 1 Woche lang ruhen lassen. Durchfiltern, abfüllen und im Kühlschrank aufbewahren.

Ergibt etwa 0,6 L.
Ruhezeit: 1 Woche
Haltbarkeit: 4 Monate

Himbeerlikör mit Melisse

300 g Himbeeren
1 Stängel frische Melisse
100 g weißer Kandis
200 ml Himbeerwasser
80 g Zucker
100 ml Wasser

Himbeeren waschen, mit dem Kandis in eine Flasche geben. Die gewaschene Melisse dazu und das Himbeerwasser hinein füllen. Verschließen und 4 Wochen lang ruhen lassen. Nun Himbeeren und die Melisse entfernen. Aus dem Wasser und dem Zucker einen Sirup kochen und soviel davon erkaltet dem Himbeerlikör zu-geben, bis die gewünschte Süße erreicht ist. Abfüllen und 1 weitere Woche lang ziehen lassen.

Ergibt etwa 0,5 L
Ruhezeit: 1 Monat
Haltbarkeit: 4 Monate

Holunderbeerlikör

1 kg Holunderbeeren
300 ml Wasser
250 g Zucker
100 ml weißer Rum
0,5 L Doppelkorn

Die Beeren waschen und abtropfen. Mit dem Wasser in einem Kochtopf aufsetzen und zum Kochen bringen. Bei wenig Hitzezufuhr 20 Minuten lang entsaften. Durch ein Sieb geben und abmessen. Ergibt etwa 500 ml Saft. Mit dem Zucker zusammen aufkochen. Nach 2 Minuten vom Herd nehmen und etwas abkühlen lassen.
Den Rum und den Doppelkorn zugeben und abfüllen. Kühl und dunkel lagern.

In heißem Tee eingenommen, hilft dieser Likör bei Erkältungskrankheiten!

Ergibt etwa 1,1 L
Ruhezeit: 1 Woche
Haltbarkeit: 10 Monate

Holundria

300 ml Saft aus schwarzen Holunderbeeren, ungesüßt
0,5 L Obstler, 36%
150 ml Holunderblütensirup

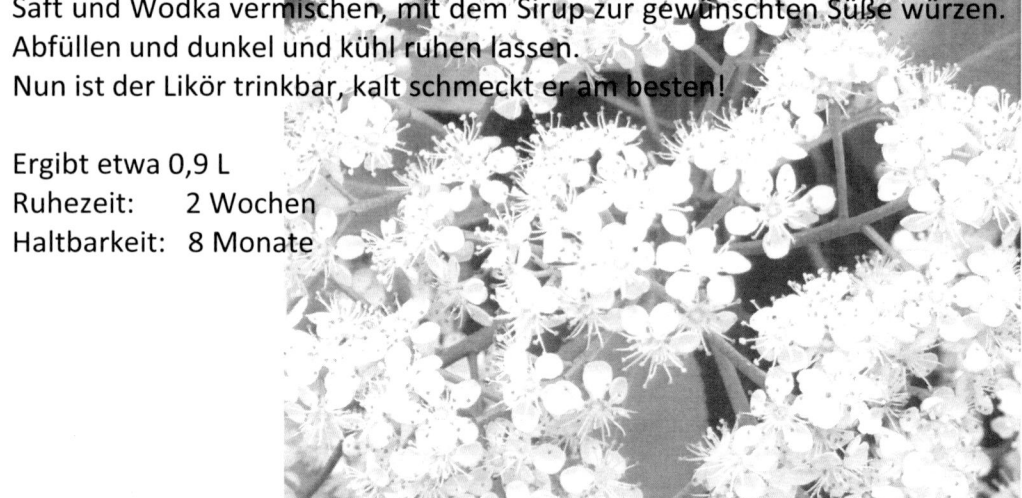

Saft und Wodka vermischen, mit dem Sirup zur gewünschten Süße würzen.
Abfüllen und dunkel und kühl ruhen lassen.
Nun ist der Likör trinkbar, kalt schmeckt er am besten!

Ergibt etwa 0,9 L
Ruhezeit: 2 Wochen
Haltbarkeit: 8 Monate

Johannisbeerlikör

500 g schwarze Johannisbeeren
200 g brauner Kandis
0,5 L Obstwasser
1 Stängel Pfefferminze
200 ml Wasser

Die Johannisbeeren waschen und abwechselnd mit dem Kandis in ein verschließbares Glasgefäß geben. Die Beeren mit einem Kochlöffel dabei etwas andrücken. Das Obstwasser zufügen und verschlossen an einem warmen Ort ruhen lassen.
Nach der Ruhezeit klar filtern. Aus dem Wasser und der Pfefferminze einen Tee kochen. Zu dem Beerenansatz geben, abfüllen und verschließen.

Ergibt etwa 1 L
Ruhezeit: 2 Monate
Haltbarkeit: 10 Monate

Kirschlikör

500 g frische Sauerkirschen
300 g weißer Kandis
½ Zimtstange
2 Gewürznelken
½ Vanilleschote
1 TL Orangenschale
0,7 L Doppelkorn
Wasser
Honig

Die Kirschen waschen und entsteinen. Mit dem Kandis und den Gewürzen in ein Glasgefäß schlichten. Den Korn zugießen, verschließen, warm und dunkel ruhen lassen.
Nach der Ruhezeit klar filtern. Mit abgekochtem Wasser (nach Geschmack leicht mit etwas Honig gesüßt) auf die gewünschte Trinkstärke verlängern.

Ergibt etwa 1,2 L (je nach Verdünnung)
Ruhezeit: 8 Wochen
Haltbarkeit: 10 Monate

Kiwilikör

0,8 L Obstwasser, 38%
12 Kiwifrüchte, sehr reif
80 g Limquats (alternativ 1 kleine, unbehandelte Limone)
150 g weißer Kandiszucker
evt. Wasser

Die Kiwis schälen und in Stücke schneiden. Mit den gewaschenen und geviertelten Limquats und dem Kan-dis in ein verschließbares Glas schichten. Den Alkohol zugeben und verschließen. Nach der Ruhezeit klar filtern. Für weniger Alkoholgehalt mit abgekochtem, abgekühlten Zuckerwasser auf Trinkstärke verdünnen.
Abfüllen und kühl und dunkel aufbewahren.

Ergibt etwa 1 L
Ruhezeit: 2 Monate
Haltbarkeit: 3 Monate

Kornelkirschlikör

350 g reife Kornelkirschen
100 g weißer Kandis
1 Vanilleschote
0,5 L Wodka
35 g Orangenzucker
(Orangenschale in Zucker)
150 ml Wasser
100 g weißer Kandis

Die gewaschenen Kornelkirschen mit dem Kandis zusammen in ein Glas geben. Den Wodka darüber schütten, die aufgeschlitzte Vanilleschote zugeben und das Ganze verschließen.

Nach der Ruhezeit filtern. Die Kornelkirschen dabei auffangen und in einen Kochtopf geben. Zucker, Orangenzucker und Wasser zufügen und 25 Minuten lang einkochen, bis sie anfangen leicht zu schäumen (siehe Bild). Die Masse filtern und mit dem aufgefangenen Sirup nach Wunsch süßen.
Den Likör in Flaschen abfüllen und nochmals 3 Wochen lang lagern.

Tipp: Den Rest des Sirups in einer Flasche abfüllen und zum Beispiel für Desserts oder für Getränke verwenden!

Ergibt etwa 0,5 L
Ruhezeit: 4 Wochen
Haltbarkeit: 10 Monate

Limettenlikör

3 Limetten, unbehandelt
60 g weißer Kandis
1 TL Koriandersamen
0,5 L Obstwasser, 38%

Die Limetten waschen und abtrocknen. Im Ganzen in ein passendes Ansatzgefäß geben. Kandis, Koriander das Obstwasser zufügen. Verschlossen an einem warmen Platz ruhen lassen.
Nach Wunsch mit abgekochtem Zuckerwasser verdünnen. Kalt servieren.

Ergibt etwa 0,5 L
Ruhezeit: 3 Wochen
Haltbarkeit: 8 Monate

Limoncello

7 Limonen, ungespritzt
200 g Zucker
0,8 L Wodka

Die Limonen waschen und abtrocknen. Die Schalen vorsichtig ohne die weiße Haut mit einer Reibe oder einem Zestenreißer abziehen. Die Schalen mit dem Zucker vermischen und mindestens über Nacht, eventuell sogar 2 Tage lang in einem Glas verschlossen ziehen lassen.
Mit dem Wodka gut verrühren, in eine Flasche abfüllen und verschließen.
Nach der Ruhezeit klar filtern und auf Flaschen ziehen. Eisgekühlt servieren. Wenn der Limoncello zu stark ist, kann dieser noch mit einem leichten Wasser – Zucker – Gemisch (das unbedingt vorher abgekocht wurde, sonst wird der Likör milchig – trüb!), verdünnen auf die gewünschte Trinkstärke.

Ergibt etwa 0,9 L
Ruhezeit: 1 Woche
Haltbarkeit: 8 Monate

Durch die vorherige Aroma – Extraktion mit Zucker erhält man auch mit handelsüblichem Alkohol eine hervorragende Limoncello – Qualität (entgegen vieler Meinungen, nur mit hochprozentigem Alkohol wäre dies möglich). Allerdings bitte ich, darauf zu achten, dass die Qualität und Frische der verwendeten Zitronen auch den Geschmack des Endergebnisses bestimmt! Besorgen Sie sich daher unbedingt erstklassige Früchte!
Ich möchte dennoch auch ein Rezept auf Weingeistbasis erwähnen:

Limoncello mit Weingeist

4 Limetten, ungespritzt
120 g Zucker
500 ml Weingeist, 96%
1 L Wasser
500 g Zucker

Die Limetten waschen und abtrocknen. Die Schalen vorsichtig ohne die weiße Haut mit einem Zesteur abziehen. Diese mit dem Zucker vermischen und 2 Tage lang in einem Glas verschlossen ziehen lassen. Mit dem Weingeist vermischen und in eine Flasche füllen. Verschlossen an einem sonnigen Ort ruhen lassen.
Nach der Ruhezeit filtern. Die abgefilterten Limettenzesten, Wasser und Zucker in einem Kochtopf zum Kochen bringen. Ausschalten und abkühlen lassen. Klären und mit dem Limettenalkohol nach Geschmack vermischen. Abfüllen und kalt stellen. Eisgekühlt servieren.
Reste vom Sirup können als Limonadengrundstoff verwendet werden.

Das gleiche Rezept lässt sich auch mit Bio-Orangen als Orangello herstellen!

Ergibt je nach verwendetem Sirup bis zu 1,8 L
Ruhezeit: 1 Woche
Haltbarkeit: 8 Monate

Limquatlikör

130 g Limquats (Kreuzung zwischen Kumquats und Limetten)
35 g weißer Kandis
weißer Rum
1 Stängel Basilikum
5 Gewürznelken

Die Limquats abwaschen und vierteln. In eine kleine Flasche „stopfen". Gewürznelken und Kandis zugeben, den Rum darüber schütten. An einem warmen Ort ruhen lassen.
Nach der Ruhezeit filtern, die Limquats dabei fest auspressen. Nochmals durch ein angefeuchtetes Tuch oder einen Kaffeefilter klären. Abfüllen und kühl lagern, eiskalt servieren!

Hinweis: ein Kumquatlikör lässt sich auf die gleiche Weise herstellen!

Ergibt etwa 250 ml
Ruhezeit: 3 Wochen
Haltbarkeit: 8 Monate

Maroni – Likör

400g Maroni (Edelkastanien), frisch oder vorgekocht
1 Vanilleschote
500 ml Doppelkorn
200 ml Cognac
200 ml Läuterzucker (aus 130 ml Wasser und 150 g Zucker)
½ Zimtstange
3 Nelken
5 Pfefferkörner

Die Maroni kreuzweise einschneiden und in einer Pfanne oder im Backrohr 15 Minuten lang rösten. Abschälen und vierteln. In eine Flasche geben, die aufgeschlitzte Vanilleschote zugeben und mit dem Doppelkorn auffüllen. Täglich durchschütteln.
Nach der Ruhezeit aus dem Zucker und dem Wasser einen Läuterzucker-sirup kochen unter Zugabe der Gewürze.
Den Maroni-Ansatz durch ein Sieb drücken. Nochmals so lange durch ein angefeuchtetes Tuch filtern, bis die Flüssigkeit klar ist.

Den abgekühlten Läuterzucker damit vermischen und abfüllen. Weitere Reifezeit 2 - 4 Wochen.

Ergibt etwa 0,6 L
Ruhezeit: 4 Wochen
Haltbarkeit: 6 Monate

Melonenlikör

1 Galiamelone, saftig und süß
1 Stück Ingwer, etwa 2 cm
abgeriebene Schale 1 Limette oder Orange, unbehandelt
5 Gewürznelken
50 g Rosinen, nicht geschwefelt
100 g Zucker
100 ml Weißwein
0,6 L Doppelkorn

Die Melone schälen, in Stücke scheiden. In eine Kunststoff- oder Glas-schüssel geben, Zucker zufügen und gut vermischen. Über Nacht im Kühl-schrank ziehen lassen. Anderntags den Ingwer schälen und klein schneiden. Die heiß abgewaschenen Rosinen, Gewürznelken, Zitrusschale und den Weißwein einmal aufkochen lassen. Abgedeckt auskühlen lassen und die Melone zufügen. Doppelkorn zugeben, alles gut vermischen und in ein Ansatzgefäß füllen. Zum Ruhen an einen dunklen und kühlen Ort stellen. Danach klar filtern, dabei die Fruchtstücke nicht fest auspressen, sonst gibt es zu viele Schwebstoffe im Likör. Abfüllen und 1 Monat lang reifen lassen.

Ergibt etwa 0,9 L
Ruhezeit: 3 Wochen
Haltbarkeit: 8 Monate

Mirabellenlikör

500 g Mirabellen
100 ml Wasser
Zucker
200 ml Doppelkorn
100 ml Weinbrand
100 ml Williamsbirnenbrand
60 ml Wasser

Die gewaschenen Früchte mit dem Wasser in einem Kochtopf aufsetzen. Zum Kochen bringen und 10 Minuten lang unter Rühren auf kleiner Stufe kochen. Durch ein Sieb filtern. Noch einmal klären, indem man den Saft durch ein angefeuchtetes Küchentuch gibt.
1:1 mit Zucker versetzen und erneut zum Kochen bringen. Abkühlen lassen. Von dem so erhaltenen Sirup gibt man nun 240 ml in eine Flasche und schüttet den Alkohol und das Wasser zu. Gut schütteln und 1 Woche lang reifen lassen.

Ergibt etwa 0,7 L
Ruhezeit: 1 Woche
Haltbarkeit: 3 Monate

Orangenlikör

1 Orange, unbehandelt
1 Zitrone, unbehandelt
8 Gewürznelken
1 Sternanis
1 Vanilleschote
¼ Muskatnuss
1 Kardamom
3 Körner grüner Pfeffer

1 kleiner Zweig Rosmarin
100 g weißer Kandis
0,5 L Grappa
1 Glas mit weiter Öffnung, so dass die ganze Orange hindurch passt

Die Orange und die Zitrone mit heißem Wasser abwaschen und abtrocknen. Die Schale der Zitrone abreiben, mit dem Zimt, der aufgeschlitzten Vanilleschote, dem Sternanis, der Muskatblüte und dem Kandis in das Glas geben.
Die Orange mit den Gewürznelken spicken und ebenfalls in das Glas geben.
Den Grappa darüber schütten und verschließen. An einem warmen Ort ruhen lassen.
Nach der Ruhezeit die Orange entfernen, den Likör klar filtern und abfüllen. Nochmals 1 Monat lang reifen lassen an einem dunklen Ort.

Ergibt etwa 0,75 L
Ruhezeit: 1 Monat
Haltbarkeit: 3 Monate

Passionsfruchtlikör

6 Passionsfrüchte (Maracuja)
1 Vanilleschote
1 kleiner Zweig Minze
150 g weißer Kandis
0,5 L Wodka

Die Früchte aufschneiden und das Fruchtfleisch heraus-kratzen. In eine weithalsige Flasche geben. Die Vanilleschote aufschlitzen und in 3 Stücke schneiden, zufügen. Den Kandis, die Minze und den Wodka hinein füllen. Während der Ruhezeit öfters schütteln, danach klar filtern und 1 Monat lang reifen lassen.

Ergibt etwa 0,7 L
Ruhezeit: 2 Wochen
Haltbarkeit: 3 Monate

Pflaumenlikör mit Whisky

300 g reife Pflaumen
1 Stängel Zitronengras
100 g brauner Kandis
0,5 L Whisky
250 ml Ananas-Saft

Das Zitronengras in Stücke schneiden. Die Pflaumen waschen und entkernen. Alles zusammen in eine Flasche oder ein Glas füllen. Kandis und Alkohol darauf geben, mit dem Ananas-Saft auffüllen, verschließen und dunkel und kühl ruhen lassen.
Nach der Ruhezeit klar filtern und abfüllen.

Ergibt etwa 0,9 L
Ruhezeit: 3 Wochen
Haltbarkeit: 6 Monate

Physalislikör

150 g frische Physalis
50 g weißer Kandis
1 Vanilleschote
1 TL Zitronengras, geschnitten
1 Msp. Safran
0,5 L weißer Rum
150 ml Wasser
150 g Zucker

Die gewaschenen Physalis etwas mit den Fingern andrücken oder mit einer Gabel einstechen. In ein verschließbares Glas geben. Den Kandiszucker, die aufgeschlitzte Vanilleschote, den Safran, das Zitronengras und den Rum darüber geben, verschließen und bei Zimmertemperatur ruhen lassen.
Nach der Ruhezeit durchfiltern. Einen Sirup aus Wasser und Zucker kochen und abgekühlt mit dem Fruchtansatz vermischen. Abfüllen, nochmals 2 Wochen lang dunkel reifen lassen.

Ergibt etwa 0,75 L
Ruhezeit: 1 Monat
Haltbarkeit: 10 Monate

Pistazienlikör

300 g Pistazienkerne, nicht gesalzen und nicht geröstet
½ Muskatnuss
0,5 L Wodka, 40%
100 ml Läuterzucker

Pistazien grob hacken und in einer Pfanne ohne Fett unter ständigem Rühren so lange rösten, bis sie duften. Vom Herd nehmen und etwas abkühlen lassen. In ein Ansatzgefäß geben. Die Muskatnuss zufügen. Mit dem Wodka begießen und verschlossen an einem warmen Ort ruhen lassen.
Nach der Ruhezeit erst durch ein grobes Sieb, dann nochmals durch einen Kaffeefilter filtrieren. Mit dem Läuterzucker süßen und abfüllen. Nochmals 4 Wochen lang reifen lassen.

Ergibt etwa 0,6 L
Ruhezeit: 3 Wochen
Haltbarkeit: 8 Monate

Primelblüten – Karamell – Likör

3 Handvoll Primelblüten, frisch gesammelt
1 Sternanis
1 Zweig Zitronenmelisse
0,5 L Grappa
200 ml Wasser
200 g Zucker

Primelblüten, Zitronenmelisse, Sternanis und Grappa in ein Ansatzgefäß geben und verschlossen an einem sonnigen, warmen Ort ruhen lassen.
Den Ansatz durchfiltern. Blüten und Melisse mit dem Wasser übergießen und nochmals verschlossen 3 Tage lang stehen lassen. Nun abgießen. Vom Zucker 2 EL wegnehmen und in einem Kochtopf schmelzen lassen. Wenn der Zucker beginnt, Farbe anzunehmen, mit dem Blütenwasser aufgießen. Ständig rühren, restlichen Zucker zugeben und etwa 4 Minuten lang zu einem homogenen Sirup kochen lassen. Abgekühlt mit dem Primelgrappa vermengen und abfüllen. An einem kühlen Ort 1 Monat lang reifen lassen.

Ergibt etwa 0,75 L
Ruhezeit: 18 Tage
Haltbarkeit: 8 Monate

Quittenlikör

2 Quitten (Apfelquitte)
400 ml Calvados
1 Sternanis
½ Vanilleschote
1 Limette, unbehandelt
75 ml Wasser
60 g Zucker

Die Quitten waschen, schälen, das Kernhaus entfernen. In ein Ansatzglas schütten, Sternanis, aufgeschlitzte Vanilleschote und Calvados darüber geben und verschließen. Das Ganze mindestens 6 Monate lang, an einem kühlen und dunklen Ort ruhen lassen (mein bester Quittenansatz lag 2 Jahre lang vergessen im Keller!).

Nun siebt man das Ganze durch und gibt die Schale einer unbehandelten Limette dazu. Einen Tag lang darin ziehen lassen.

Aus dem Wasser und dem Zucker einen Sirup kochen und dazu geben. Nochmals durchfiltern und abfüllen.

Schmeckt herrlich nach feinem Apfel – Quitten – Aroma!

Ergibt etwa 450 ml
Ruhezeit: 6 - 12 Monate
Haltbarkeit: 10 Monate

Quitten – Kardamomlikör

2 Quitten (Birnenquitte)
200 ml Wodka
200 ml Williamsbirnen- oder Mirabellenwasser
60 g Kandis
3 Kardamom

Die Quitten waschen, das Kernhaus entfernen und in Stücke schneiden. In ein Ansatzglas füllen, Kandis, Wodka und Obstwasser darüber geben. Kardamom im Mörser grob zerstoßen und zufügen, dann verschließen. Nun an einem kühlen und dunklen Ort ruhen lassen.

Danach durchfiltern und abfüllen.

Ergibt etwa 0,4 L
Ruhezeit: 1 Woche
Haltbarkeit: 3 Monate

Pfirsichlikör
Ahornwhisky
Kornelkirschlikör

Rotkleeliköransatz

diverse Liköre

Orangello

53

Red Berry – Likör

100 g Berberitzenbeeren, getrocknet
100 ml weißer Rum
250 ml Grappa
300 g Himbeeren (frisch oder gefroren)
200 g Zucker
150 ml Wasser

Die Berberitzenbeeren in einem verschließbaren Glas mit Rum und Grappa ansetzen. An die Sonne stellen. Öfters schütteln.
Nach der Ruhezeit die Himbeeren mit dem Zucker in eine Schüssel geben und über Nacht ziehen lassen. Das Wasser zugeben und für etwa 3 Minuten zum Kochen bringen. Durch ein Sieb klären, abkühlen lassen.
Den Beerenansatz ebenfalls filtern und mit dem erkalteten Sirup (1:1) vermischen. Abfüllen und verschließen. Eine weitere Woche reifen lassen.

Ergibt etwa 0,6 L
Ruhezeit: 3 Wochen
Haltbarkeit: 6 Monate

Rhabarberlikör, halbbitter

100 g Rhabarber, roter
½ TL Enzianwurzel, getrocknet
½ TL Galgant, getrocknet
2 Kardamom
1 Vanilleschote
0,5 L Grappa
200 g Zucker
100 ml klarer Apfelsaft

Den Rhabarber waschen und in kleine Stückchen schneiden. In ein Ansatz-gefäß geben. Den Zucker darüber geben und durchrühren. Über Nacht verschlossen ziehen lassen. Am nächsten Tag dann die Enzianwurzel, Galgant, die aufgeschlitzte Vanilleschote und den vorher zerstoßenen Kardamom zugeben. Mit dem Grappa begießen, verschließen und das Ganze 2 Wochen lang an einem warmen Ort ausziehen lassen.

Dann durch ein Tuch filtern, die Rhabarberscheiben dabei fest ausdrücken. Den Apfelsaft zugeben, vermischen und in eine Flasche abfüllen. Verschlossen für mehrere Monate zum Nachreifen an einen kühlen und dunklen Ort stellen. Vor Gebrauch nochmals durch einen Kaffeefilter klären.

Ergibt etwa 0,7 L
Ruhezeit: 2 Wochen
Haltbarkeit: 8 Monate

Rosenlikör

8 Rosenblüten (voll erblüht, duftend, morgens pflücken)
350 ml Wodka, 40%
150 ml Rosensirup
(gekauft oder Rezept s. unten)

Die Rosenblüten in eine Glaskanne geben, den Alkohol darüber schütten. Die Blütenblätter mit einem hölzernen Kochlöffel leicht zusammendrücken. Ziehen lassen, nach 30 Minuten nochmals zusammendrücken und umrühren. Dies zweimal wiederholen. Nach insgesamt 3 Stunden die Rosenblätter durchdrücken und das Ganze filtern. Mit dem Rosensirup vermengen und abfüllen.

Hinweis: Dieser Likör ist je nach verwendeter Rose eher bräunlich als rosa, wünscht man eine rote oder rosarote Farbe, gibt man nur ein paar Tropfen Lebensmittelfarbe oder aber Granatapfelsirup zu.

Ergibt etwa 0,5 L
Ruhezeit: 1 Woche
Haltbarkeit: 6 Monate

Rosensirup

15 Duft-Rosenblüten
0,5 L Wasser
400 g Zucker

Die sauberen Blütenblätter mit dem Zucker in ein Gefäß geben. Mit dem kochenden Wasser überbrühen und umrühren, bis der Zucker aufgelöst ist. Abkühlen lassen und über Nacht ziehen lassen. Danach abseihen, die Blätter dabei gut auspressen. Nochmals aufkochen und sofort in Flaschen füllen. Kühl lagern und bald verbrauchen!

Rotweinlikör

0,4 L trockener Rotwein
200 g Zucker
1 P. Vanillezucker
150 ml guter Orangensaft (ohne Fruchtstücke)
Saft von 1 Limone
150 ml weißer Rum
200 ml Cognac

Den Rotwein mit dem Zucker und dem Vanillezucker in einem Kochtopf erhitzen, bis der Zucker gelöst ist, jedoch nicht kochen! Etwas abkühlen lassen, den Orangensaft und Limonensaft sowie den Alkohol zugeben. Mischen und in Flaschen abfüllen.

Ergibt etwa 1 L
Ruhezeit: keine
Haltbarkeit: 4 Monate

Sangrinello

6 Orangen
1 Limette
2 Pfirsiche
150 g Zucker
300 ml roter Weinbrand
3 Nelken
1 Zimtstange
1 Vanilleschote
1 verschließbares Glas, etwa 1 L

3 Orangen schälen, dabei die weiße Haut entfernen. In dicke Scheiben schneiden und in das Glas geben. Die gewaschenen Pfirsiche schälen und vierteln, ebenfalls zugeben. Die restlichen Orangen und die Limette auspressen, den Saft mit dem Zucker verrühren, bis dieser sich aufgelöst hat. Die Vanilleschote aufschlitzen und in Stücke schneiden. Dem Saft Weinbrand und Gewürze zufügen und über die Früchte gießen. Durchrühren und im Kühlschrank ziehen lassen.

Ergibt etwa 0,5 L
Ruhezeit: 1 Woche
Haltbarkeit: 3 Monate

Scharfmacher

30 g rosa Beeren superior Qualität(als roter Pfeffer bekannt)
4 EL getrocknete Berberitzenbeeren
3 Chilischoten
90 g Zucker
250 ml weißer Rum
350 ml Wasser

Alle Beeren mit dem Wasser aufsetzen und 5 Minuten lang kochen lassen, dabei öfter umrühren. Den Zucker zugeben und auflösen. Vom Herd nehmen, die Chilischoten und den Rum in das heiße „Gebräu" geben. Auskühlen lassen. Durch ein Sieb geben und klar filtern, abfüllen.

Ergibt etwa 0,4 L
Ruhezeit: keine
Haltbarkeit: 8 Monate

Schlehenbalsam

250 g Schlehen, getrocknet
180 g Krümelkandis
0,6 L Obstwasser
0,2 L Sherry
2 EL Balsamico
16 Gewürznelken
1 Sternanis

Die Schlehen abwaschen, durch ein Sieb trocken schütteln und in ein Ansatzgefäß geben. Den Kandis, Obstwasser, Gewürze, Sherry, und Balsamico zugeben. Verschließen und an einen dunklen aber warmen Ort stellen. Zweimal pro Woche fest durchschütteln.

Nach der Ruhezeit filtrieren, abfüllen und 1 Monat lang nachreifen lassen.

Hinweis: der Balsamico kann auch ersatzlos weggelassen werden!

Ergibt etwa 0,9 L
Ruhezeit: 6 Wochen
Haltbarkeit: 12 Monate

Schlehen – Hagebuttenlikör

150 g Schlehen (nach dem ersten Frost sammeln oder über Nacht ins Gefrierfach packen!)
150 g Hagebutten
200 g Kandiszucker
1 TL Koriander
1 EL Orangenzucker
0,7 L Wodka oder Doppelkorn
1 Vanilleschote

Die Schlehen waschen, mit einer Nadel mehrmals einstechen und in ein Ansatzgefäß geben. Die Hagebutten von Stielen und Blütenansatz befreien und vierteln. Mit dem Kandis, Wodka, Koriander und der aufgeschlitzten Vanilleschote zugeben. Verschließen und an einen dunklen aber warmen Ort stellen. Zweimal pro Woche fest durchschütteln. Nach 5 Wochen sollte die Vanilleschote entfernt werden, damit ihr Aroma nicht zu sehr überragt. Nun den Orangenzucker zugeben.
Nach der Ruhezeit durch ein feines Sieb klären, abfüllen. Nach Bedarf mit abgekochtem Zuckerwasser verdünnen. 2 Wochen lang nachreifen lassen.

Ergibt etwa 0,8 L
Ruhezeit: 6 Wochen
Haltbarkeit: 12 Monate

Sharonlikör

0,2 L Williamsbirnenbrand
0,5 L Obstwasser oder Wodka
1 Vanilleschote
4 sehr reife Sharon
200 g weißer Kandis
1 Flasche mit weitem Hals, 1 L Inhalt

Die gewaschenen Früchte von der Haut und dem Blütenansatz befreien. Das Fruchtfleisch in die Flasche geben. Die Vanilleschote aufschlitzen und zusammen mit dem Kandis in die Flasche füllen. Mit Birnenbrand und Obstwasser auffüllen und verschließen. Nach der Reifezeit filtern und abfüllen.

Ergibt etwa 1 L
Ruhezeit: 3 Wochen
Haltbarkeit: 6 Monate

Tomatenlikör

400 g aromatische Cocktailtomaten
100 g weißer Kandis
4 g frisches Basilikum
250 ml Obstwasser, 38%
2 TL Orangenzucker (Orangenschale in Zucker)

Tomaten waschen und halbieren. In ein Ansatzgefäß geben. Mit Kandis bedecken, Basilikum und Obstwasser zufügen. In der Sonne ruhen lassen. Danach abfiltrieren, Orangenzucker samt Schale zugeben und abfüllen.
Ergibt etwa 0,5 L
Ruhezeit: 3 Wochen
Haltbarkeit: 8 Monate

Von rechts nach links Ansatz für: Quittenlikör, Kiwilikör, Tomatenlikör, Limquatlikör, Wodka Melissa, Limoncello

Walnusslikör

20 grüne (noch nicht reife) Walnüsse
8 Nelken
1 Zimtstange
1 Sternanis
200 g Kandis
0,5 L Cognac

Die Nüsse waschen und vierteln. Alle Zutaten zusammen in ein großes Glas füllen und verschließen. Nach der Ruhezeit durchfiltern und nochmals 2 Monate lang kühl lagern, bevor er getrunken wird.

Ergibt etwa 0,6 L
Ruhezeit: 6 Wochen (möglichst sonnig)
Haltbarkeit: 12 Monate

Schnelle Walli (Walnusslikör)

160 ml Walnuss – Sirup
350 ml Grappa
15 grüne Pfefferkörner
1 Zimtstange
7 Tropfen Bittermandelaroma

Alles in einer Flasche ansetzen und verschließen. Nach der Ruhezeit filtern und abfüllen.

Ergibt etwa 0,5 L
Ruhezeit: 2 Wochen (möglichst sonnig)
Haltbarkeit: 8 Monate

Wodka – Orange

30 Würfelzucker
30 Kaffeebohnen mittlerer Röstung
1 Orange, bio
400 ml Wodka oder Korn mit 32%
1 großes Glas
100 ml Wasser

Den Würfelzucker in das Glas geben. Danach 20 der Kaffeebohnen in einem Mörser oder einer Kaffeemühle mahlen und hineingeben. Die Orange abwaschen, abtrocknen und mit einem Messer mehrmals einstechen. 10 Kaffeebohnen ganz in die Orange drücken. In das Glas geben und vorsichtig den Wodka darüber gießen. Verschließen und an einem kühlen Ort dunkel lagern, nicht schütteln. Nach der Ruhezeit durchfiltern. Die gefilterten Kaffeebohnen mit dem kochenden Wasser aufbrühen und auskühlen lassen. Filtern und das Kaffeewasser mit dem Kaffeewodka vermischen.

Hinweis: hier wird 32% iger Alkohol verwendet, da die Geruchs- und Geschmacksstoffe von Kaffeebohnen damit am besten mazeriert werden!

Ergibt etwa 0,6 L
Ruhezeit: 7 Tage
Haltbarkeit: 10 Monate

2. Sahneliköre

Creme- und Sahneliköre haben eine niedrigere Haltbarkeit und müssen immer kühl (also im Kühlschrank) gelagert werden. Man stellt am besten immer nur Mengen her, die am besten innerhalb von etwa 4 – 6 Wochen verbraucht werden sollen. Länger sollten sie vorsichtshalber nicht aufbewahrt werden. Produzieren Sie deshalb lieber kleinere Mengen.

Affenschwanzlikör

200 ml gesüßte Kondensmilch
200 ml Wasser
0,6 L Wodka, 40%
1 Vanilleschote
5 Gewürznelken
½ Muskatnuss
nach Belieben etwas Blütenhonig
3 frisch aufgebrühte Espresso (=75 ml) oder 2Tl Instant – Espresso, in heißem Wasser aufgelöst

Die Vanilleschote aufschlitzen und das Mark herauskratzen. Die Kondensmilch mit dem Wasser und den Gewürzen (nicht die Muskatnuss) in einen Kochtopf geben und für 5 Minuten bei niedriger Stufe köcheln lassen. Die Muskatnuss hinein reiben und mit dem Espresso vermischen. Abgekühlt durch ein feines Sieb geben und den Wodka zufügen. Gut vermischen und in Flaschen abgefüllt im Kühlschrank aufbewahren.

Ergibt etwa 1,1 L
Ruhezeit: keine
Haltbarkeit: 8 Monate

Cappuccinocreme

0,5 L Weinbrand oder Cognac
250 g Zucker
350 ml Sahne
2 P. Vanillezucker
½ TL Zimt, gemahlen
1 Msp. Muskatnuss, frisch gerieben
2 EL Kakaopulver (instant)
2 EL Instant – Espressopulver

Die Kaffesahne in einem Kochtopf erhitzen, Zucker, Espressopulver, Kakaopulver und die Gewürze zugeben. Alles mit einem Schneebesen schaumig
schlagen. Den Weinbrand zugeben und gut vermischen. In eine Flasche
füllen und kühl stellen.

Ergibt etwa 1 L
Ruhezeit: keine
Haltbarkeit: 3 Wochen

Limoncello – Crema

7 Zitronen, unbehandelt
0,5 L Weingeist, 96%
450 g Zucker
1 Vanilleschote
250 ml Sahne
500 ml Wasser

Die Zitronen waschen und die Schale ohne das weiße Unterfleisch
entfernen (Sparschäler). In ein Ansatzgefäß geben, aufgeschlitzte Vanilleschote und den Weingeist darüber schütten und verschließen. Während
der Ruhezeit an die Sonne oder an einen warmen Ort stellen.

Danach durch ein Tuch filtern, durchdrücken und beiseite stellen.
Wasser und Zucker 3 Minuten lang kochen lassen. Herdplatte ausschalten und darauf stehen lassen, bis der Sirup abgekühlt ist. Den Zitronenansatz zugeben und vermischen. Die Sahne kurz zum Kochen bringen und abkühlen lassen. Zum Likör geben, gut vermischen und abfüllen.
Im Kühlschrank lagern und sehr kalt servieren.

Ergibt etwa 1,5 L
Ruhezeit: 10 Tage
Haltbarkeit: 4 Monate

Eierlikör

5 Eigelb (sehr frisch, am besten Bio-Eier)
0,5 L Cognac
1 Vanilleschote
4 – 6 EL Puderzucker
100 ml Kondensmilch

Eigelbe in eine Schüssel schlagen. Puderzucker und das ausgekratzte Mark der Vanilleschote zugeben und mit dem Rührgerät schaumig schlagen. Langsam die Kondensmilch zufügen, dabei immer weiter schlagen. Anschließend den Cognac schussweise zuschütten. Nochmals gut verrühren und in eine Flasche abfüllen. Im Kühlschrank aufbewahren und bald verbrauchen.

Ergibt etwa 0,75 L
Ruhezeit: keine
Haltbarkeit: 1 Monat

Eistörtchenlikör

120 g Eistörtchen (Eiskonfekt)
200 ml Sahne
200 ml Whisky
nach Belieben Vanillezucker

Die Eistörtchen in einen kleinen Kochtopf geben. Bei sehr niedriger Hitze (eher Wärme!) unter ständigem Rühren schmelzen lassen. Weiterrühren und die Sahne esslöffelweise zugeben. Ist eine homogene, cremige Masse entstanden, wird der Whisky zugegeben. Wer es sehr süß mag, gibt vorher noch den Vanillezucker hinzu.
Durch ein feines Sieb schüttet man nun den Likör in eine Flasche und stellt sie in den Kühlschrank.

Durch das im Eiskonfekt enthaltene Kokosfett schmilzt es auch bei niedrigeren Temperaturen schneller als herkömmliche Schokolade.

Ergibt etwa 0,5 L
Ruhezeit: keine
Haltbarkeit: 1 Monat

Himbeersahne

300 g gefrorene oder frische Himbeeren
200 ml Sahne
180 ml weißer Rum
1 Päckchen Vanillezucker
100 g Zucker

Die Früchte in eine hohe Schüssel geben, den Zucker und Vanillezucker darüber geben und durchrühren. 2 Stunden lang ziehen lassen. Die Sahne zugeben und gut verrühren. Durch ein Sieb drücken und die Kerne entfernen. Grappa zufügen, nochmals durchrühren und abfüllen. Kühl lagern.

Ergibt ca. 0,6 L
Ruhezeit: keine
Haltbarkeit: 3 Wochen

Kirschpralinenlikör

10 Kirschpralinen, flüssig gefüllt
150 g Puderzucker
200 ml Kaffeesahne
3 Eigelbe
250 ml Obstwasser, noch besser wäre Kirschwasser

Sahne und Puderzucker mit den Pralinen erhitzen. Mit dem Passierstab fein mixen. Das Eigelb zu-fügen, vorsichtig weiter erwärmen, aber aufpassen, damit das Eigelb nicht stockt! Mit dem Schneebesen gut aufschlagen. Unter Rühren abkühlen lassen, in die lauwarme Flüssigkeit den Alkohol zugeben und gut vermischen. Abfüllen und kühl stellen.

Ergibt etwa 0,6 L
Ruhezeit: 1 Woche
Haltbarkeit: 3 Wochen im Kühlschrank

Kokos – Sahne

300 ml weißer Rum, 40%
250 ml Kokosmilch (Dose)
100 g Zucker
3 TL Instant-Kaffee oder 2 abgekühlte Espresso

Die Kokosmilch, den Zucker und den Kaffee in einen Kochtopf geben und unter Rühren erhitzen, bis sich alles aufgelöst hat. Etwas abkühlen lassen und in die lauwarme Flüssigkeit den Rum geben. Gut miteinander vermischen und abfüllen, dann kühl stellen.

Ergibt etwa 0,6 L
Ruhezeit: keine
Haltbarkeit: 3 Wochen im Kühlschrank

Mandel – Sahne – Likör

150 g Zucker
400 ml Kaffeesahne
100 ml Milch
100 g gehackte und abgezogene Mandeln
1 Vanilleschote
0,6 L Weinbrand

Die Vanilleschote aufschlitzen und das Mark herauskratzen. 2 EL Zucker in einem kleinen Kochtopf schmelzen lassen. Wenn er anfängt, sich zu verfärben, mit der Milch ab-löschen. Unter ständigem Rühren die Vanilleschote, den restlichen Zucker, das Mark, die Kaffeesahne und die Mandeln zufügen und 10 Minuten lang auf niedriger Stufe sanft kochen lassen. Danach vom Herd nehmen und abkühlen lassen. Den Weinbrand zugeben und gut vermischen. In ein Gefäß geben und verschlossen 1 Tag lang im Kühlschrank ruhen lassen. Danach durch ein feines Sieb filtern und in eine Flasche abfüllen.

Ergibt etwa 1 L
Ruhezeit: 1 Tag
Haltbarkeit: 4 Wochen

Marzipanlikör

450 g gutes Marzipan
280 ml Milch
0,5 L weißer Rum
200 ml Sahne
100 g Puderzucker
20 ml Rosenwasser
3 Tropfen Bittermandelöl

Das Marzipan in Stücke schneiden. Sahne und Milch in einen Kochtopf geben. Darin das Marzipan erhitzen und unter Rühren auflösen, Vorsicht damit nichts anbrennt! Mit dem Passierstab mixen. Den Puderzucker zufügen und auflösen. Durch ein feines Sieb streichen und erkalten lassen. Den Alkohol und das Rosenwasser zugeben und abfüllen.

Ergibt etwa 1,2 L
Ruhezeit: 2 Tage
Haltbarkeit: 1 Monat

Mohnlikör

60 g Mohnsamen
250 ml Sahne
2 P. oder 1 EL Vanillezucker
1 EL Rohrzucker
4 EL Puderzucker
200 ml weißer Rum
2 geh. TL Kakaopulver nach Belieben

Den Mohn im Mörser mahlen oder zusammen mit der Sahne in einem hohen Gefäß kurz pürieren (nicht zu lange, damit die Sahne nicht steif wird). Mit Rohrzucker und Vanillezucker in einem Kochtopf unter Rühren vorsichtig kurz aufkochen lassen, dann vom Herd nehmen. Den Puder-zucker einrühren.

Etwas abkühlen lassen, dann den Rum langsam zulaufen lassen, dabei die Masse gut durchschlagen.

Abschmecken, nach Belieben den Kakao zu-geben und abfüllen.

Im Kühlschrank aufbewahren. Vor dem Genuss schütteln.

Ergibt etwa 0,5 L
Ruhezeit: keine
Haltbarkeit: 1 Monat

Nach 8 – Likör

200 g Packung Schoko – Minz – Täfelchen
200 g Puderzucker
200 ml Kaffeesahne
0,4 l Doppelkorn, 38%

Die Kaffeesahne unter Rühren zusammen mit dem Puderzucker und den Schokoladentafeln erhitzen, bis alles aufgelöst ist.

Mit dem Passierstab mixen, damit sich die Pfefferminzreste auflösen.

Lauwarm mit dem Korn vermischen und abfüllen.

Kühl stellen und bald verbrauchen.

Ergibt etwa 0,7 L
Ruhezeit: keine
Haltbarkeit: 1 Monat

Nougattino

0,3 L brauner Rum, 40%
1 Vanilleschote
200 ml Sahne
100 ml Kaffeesahne
1 EL Instant-Kaffee oder 1 Espresso
200 g Nuss-Nougatcreme
2 EL Zucker
4 EL Agavendicksaft

Vanilleschote aufschlitzen und das Mark herauskratzen. Sahne mit dem Mark, Zucker und Vanillestange erhitzen. Den Espresso oder das Kaffeepulver hineingeben. In der heißen, aber nicht kochenden Sahnemischung die Nougatcreme auflösen. Mit dem Schneebesen leicht aufschäumen. In die leicht abgekühlte Flüssigkeit Rum, Agavendicksaft und Kaffeesahne geben, in eine Flasche abfüllen und kühl stellen. Die Vanilleschote anderntags entfernen oder darin lassen.

Ergibt etwa 0,75 L
Ruhezeit: keine
Haltbarkeit: 6 Wochen

Pfirsichcreme

400 g Pfirsichstücke, bereits enthäutet und entkernt
sowie die Kerne davon
100 g Zucker
250 ml Whisky
3 EL Orangenzucker (Orangenschale in Zucker)
150 ml Kaffeesahne

Pfirsichstücke in ein Ansatzglas geben. Die Kerne mit einem Hammer oder Fleischklopfer vorsichtig zertrümmern und zufügen.

Zucker zugeben, verrühren und über Nacht ziehen lassen.

Anderntags den Whisky darüber geben, verschließen und an einem dunklen Ort ruhen lassen.

Nach der Ruhezeit filtrieren. Den Orangenzucker in einem Topf unter ständigem Rühren zum Schmelzen bringen. Mit der Sahne ablöschen, weiterrühren, bis eine homogene Creme entstanden ist. Abkühlen lassen, dann mit dem Pfirsichwhisky vermischen.

Im Kühlschrank aufbewahren.

Ergibt etwa 0,45 L
Ruhezeit: 3 Wochen
Haltbarkeit: 2 Monate

„Rote Rübe"

200 ml Cremejoghurt (natur)
250 ml Grenadinesirup
250 ml Kaffeesahne
0,5 L Doppelkorn

Joghurt, Sahne und Sirup vermischen. Verrühren, bis die Flüssigkeit homogen ist. Den Korn zugeben und miteinander vermischen, abfüllen.

Im Kühlschrank aufbewahren.

Ergibt etwa 1,2 L
Ruhezeit: keine
Haltbarkeit: 1 Monat

Abb. rechts: Kakaobohnen

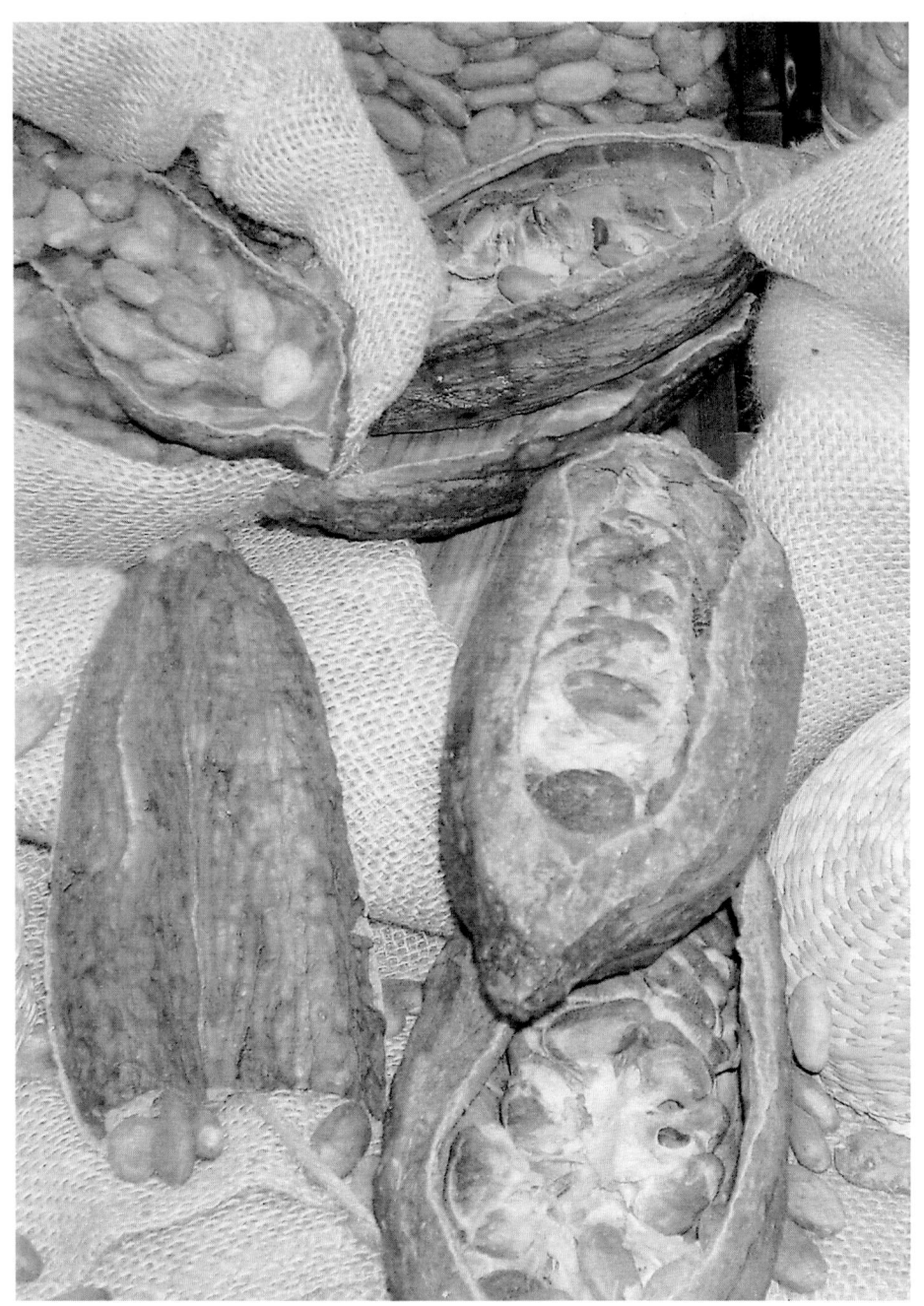

Schokotraum

300 ml Weinbrand
200 ml Sahne
2 P. Vanillezucker
3 EL weiche Schoko – Nusscreme
1 Msp. Muskat, frisch gerieben
1 Msp. Zimt

Sahne in einem Kochtopf leicht erhitzen, Schokocreme und Vanillezucker zugeben und rühren, bis sich alles aufgelöst hat. Eventuell mit dem Mixer durchrühren. Gewürze zugeben, mit dem Alkohol vermischen und abfüllen.

Ergibt etwa 0,6 L
Ruhezeit: keine
Haltbarkeit: 1 Monat (gekühlt)

Toffee – Likör

100 g weiche Toffeebonbons
250 ml Wodka
150 ml Kaffeesahne
2 P. Vanillezucker

Die Bonbons in eine weithalsige Flasche oder ein Glas füllen. Wodka darüber geben und verschließen. Mehrmals täglich schütteln. Sind die Bonbons aufgelöst (etwa 1 Woche), gibt man den Vanillezucker und die Kaffeesahne hinzu, vermischt alles und füllt es ab. Im Kühlschrank aufbewahren.

Ergibt etwa 400 ml
Ruhezeit: 1 Woche
Haltbarkeit: 8 Wochen

Vanillesahne

200 ml Sahne
200 ml Milch
0,4 L Weinbrand
200 g Zucker
2 Vanilleschoten

Vanilleschoten aufschlitzen, das Mark herauskratzen. Sahne, Milch, Mark und die Stangen in einen Kochtopf langsam zum Kochen bringen. Zucker zufügen und unter Rühren auflösen, nicht mehr kochen lassen. Vom Herd nehmen und abkühlen lassen. Stangen herausnehmen, Weinbrand zugeben, gut verrühren und abfüllen

Ergibt etwa 0,9 L
Ruhezeit: über Nacht
Haltbarkeit: 1 Monat (gekühlt)

„Weibermilch"

0,3 L Maracujasaft
0,5 L Grappa
250 g Zucker
1 P. Vanillezucker
200 ml Kaffeesahne

Kaffeesahne mit Zucker und Vanillezucker verrühren und erhitzen, bis sich alles gelöst hat, aber nicht kochen! Vom Herd nehmen, Saft und Grappa zugeben. Gut vermischen und abfüllen. Vor dem Genuss schütteln!
Ergibt etwa 1,1 L
Ruhezeit: keine
Haltbarkeit: 4 Wochen (gekühlt)

3. Kräuter- und Gewürzliköre

Amaro (Kräuterbitterlikör)

1 TL Thymian, getrocknet oder 1 EL frischen
1 TL Lavendelblüten, getrocknet oder frisch
1 EL Pfefferminze, getrocknet
2 g Angelikawurzel
½ TL Fenchelsamen
1 TL Melisse, getrocknet oder 1 EL frische
3 Blatt Salbei
1 TL Kamille, getrocknet
1 TL Ysop, getrocknet
1 TL Süßholz
½ Muskatnuss
2 g Kalmuswurzel
1 g Enzianwurzel
1 g Löwenzahnwurzel
4 Gewürznelken
½ Zimtstange
30 g getrocknete Orangenschalen
0,7 L Wodka, 40 %
0,3 L Weinbrand
200 g Heidehonig
300 ml Wasser

Die Kräuter in ein Ansatzglas oder eine Flasche mit weitem Hals geben. Den Alkohol zufügen und verschlossen ruhen lassen. Nach der Ruhezeit klar filtern. Den Honig im Wasser auflösen und mit dem Ansatz vermischen. In Flaschen abfüllen und mindestens 3 Monate kühl und dunkel reifen lassen.

Tipp: Geeignet als Digestif oder zum Mixen von Cocktails.

Ergibt etwa 1,4 L
Ruhezeit: 4 Wochen
Haltbarkeit: 8 Monate

Anis – Likör

3 Sternanis, grob gestossen
1 EL Fenchelsamen
50 g weißer Kandis
0,5 L Doppelkorn

Alles zusammen in eine Flasche geben und öfters während der Ruhezeit schütteln. Danach durchfiltern und abfüllen.

Ergibt etwa 0,6 L
Ruhezeit: 1 Monat
Haltbarkeit: 9 Monate

Bärenfang aus Ostpreußen (Honiglikör)

300 g Blütenhonig, möglichst klar
0,7 L Wodka, nach Belieben auch Rum
1 Zimtstange
1 Vanilleschote
5 Gewürznelken
abgeriebene Schale ½ Zitrone

Den Honig mit dem Wodka vermischen. Löst sich dieser nur schlecht darin auf, so wird das Ganze etwas erwärmt.
Die Gewürze zugeben und in eine Flasche füllen. Bei Zimmertemperatur 4 Wochen lang ruhen lassen. Danach klar filtern und nochmals in einer Flasche an einem kühlen und dunklen Ort mindestens 3 Monate lang reifen lassen.

Ergibt etwa 1 L
Ruhezeit: 4 Wochen
Haltbarkeit: 8 Monate

Benediktiner Kräuterlikör

50 g Zucker
5 EL Honig
1 Kardamom, ganz
1 Vanilleschote
1 TL Koriandersamen
½ Zimtstange
1 TL Nelkenwurz – Wurzel, getrocknet
1 TL Majoran, getrocknet
½ TL Lavendelblüten, getrocknet
5 Gewürznelken
½ TL Angelika, Wurzel
1 g Enzianwurzel
1 TL Thymian, getrocknet
0,1 g Safran
1 TL Pfefferminze, getrocknet
1 TL Melisse, getrocknet
½ TL Rosmarin, getrocknet
½ TL Wermut, getrocknet
1 TL schwarzer Tee
½ Muskatnuss
1 TL Macisblüte
2 g Ingwer, getrocknet
5 g Süßholzwurzel
3 Wacholderbeeren
½ TL Anissamen
½ TL Fenchelsamen
½ TL Pomeranzenschale, getrocknet
abgeriebene Schale ½ Zitrone
100 ml Weingeist, 96%
1 L Cognac, 40%

Die Gewürze zerkleinern, die Vanilleschote aufschlitzen. Alles in eine Flasche mit weiter Öffnung oder ein Glas füllen. Den Honig und den Zucker zugeben. Den Weingeist darüber geben und über Nacht verschlossen ziehen lassen. Anderntags mit dem Cognac aufgießen, verschließen und ruhen lassen.
Nach der Ruhezeit klar filtern und abfüllen. Verschließen und nochmals 3 Monate lang reifen lassen.

Ergibt etwa 1 L
Ruhezeit: 1 Woche
Haltbarkeit: 12 Monate

Bierlikör

0,5 L Dunkles Bier oder Oktoberfestbier
150 g Zucker
1 Stück Zitronenschale (bio)
1 Vanilleschote
2 Gewürznelken
1 TL Anis
0,4 L Doppelkorn

Das Bier mit Zucker, der aufgeschlitzten Vanilleschote und den Gewürzen zum Kochen bringen. 10 Minuten lang ganz leicht köcheln lassen, dann vom Herd nehmen und abkühlen lassen.
Erkaltet klar filtern und den Korn zugeben. In Flaschen füllen.

Ergibt etwa 1 L
Ruhezeit: 1 Woche
Haltbarkeit: 6 Monate

Blutwurzlikör

25 g Blutwurz, geschnittene und getrocknete Wurzel
1 Sternanis
1 TL Fenchelsamen
1 TL Anissamen
0,7 L Mirabellenwasser oder Birnengeist, 38%
70 g Krümelkandis

Blutwurz und Sternanis in eine Ansatzflasche geben. Fenchel und Anis im Mörser grob zerstoßen, zusammen mit dem Kandis zufügen. Das Ganze mit dem Obstwasser begießen. Verschließen und zum Ruhen an einen warmen Platz stellen.
Danach durch ein grobes Sieb schütten. Nochmals durch einen Kaffeefilter klären. Abfüllen und 2 – 4 Wochen nachreifen lassen.

Blutwurz ist ein altes Hausmittel bei Magen – und Darmproblemen und ebensolchen Katarrhen!

Ergibt etwa 0,7 L
Ruhezeit: 3 Wochen
Haltbarkeit: 8 Monate

Brennesselgeist

1 dicker Bund frische, junge Brennesseln
(im Frühjahr pflücken)
0,7 L Doppelkorn, 40 %
200 g weißer Kandis
0,3 L klarer Apfelsaft
3 Salbeiblätter

Die Brennesseln abwaschen und grob hacken. In eine große Flasche mit weitem Hals geben. Den Salbei, Kandis und Doppelkorn zugeben. Verschließen und für 4 Wochen an einen hellen Platz stellen.

Danach den Ansatz durchfiltern. Den Apfelsaft kurz zum Kochen bringen und lauwarm mit dem Ansatz vermischen.
Auf Flaschen ziehen, verschließen und nochmals 1 Monat lang reifen lassen.

Gibt regelmäßig in kleiner Menge getrunken eine gute Entgiftungskur.

Ergibt etwa 1 L
Ruhezeit: 4 Wochen
Haltbarkeit: 8 Monate

Buchenlikör

3 Handvoll Blätter der Rotbuche (Frühjahr!)
0,5 L Grappa
0,1 L Weinbrand
3 EL Ahornsirup
100 g brauner Kandiszucker
250 ml destilliertes Wasser

Die Blätter waschen und abschütteln. In ein Ansatzgefäß geben. Kandis zufügen und mit Weinbrand und Grappa begießen. Verschlossen an einem warmen Ort ruhen lassen.
Nach der Ruhezeit durch ein Tuch filtern und mit dem destillierten Wasser auf die gewünschte Trinkstärke bringen.
Abfüllen und 3 Monate nachreifen lassen.

Ergibt etwa 0,9 L
Ruhezeit: 4 Wochen
Haltbarkeit: 8 Monate

Carajillo-Likör

0,7 L Brandy, 40 %
3 EL Anis
Schale 1 Limone, unbehandelt
1 EL Kaffeebohnen
100 g Zucker
100 ml Wasser
2 frisch gebrühte Espressi

Anis, Kaffeebohnen und die Limonenschale im Brandy ansetzen und verschlossen an einem warmen Ort ruhen lassen.
Nach der Ruhezeit filtrieren. Den Zucker in einem Kochtopf zum Schmelzen bringen. Beginnt der Zucker, zu karamellisieren, löscht man ihn mit dem Wasser ab. Unter Rühren einige Minuten zu einem Sirup einkochen.
100 ml vom Brandyansatz in ein feuerfestes Gefäß (und eine ebensolche Unterlage) geben und flambieren. Mit den frischen, noch heißen Espressi ablöschen. Den Sirup zugeben und gut vermischen. Abgekühlt mit dem restlichen Brandyansatz vermengen und abfüllen.

Rezept beruht auf einer spanischen Kaffeespezialität!

Ergibt etwa 0,8 L
Ruhezeit: 1 Woche
Haltbarkeit: 8 Monate

Chillino

3 sehr scharfe Chilischoten, z.B. Habaneros
0,5 L Wodka
0,2 L weißer Rum
100 g Rohrzucker
200 ml Sauerkirschsaft

Die Chilischoten in Stücke schneiden, im Mörser zerstoßen und in den Wodka geben. Rum zuschütten, verschließen und an einem warmen Platz ruhen lassen.

Danach filtern und den Sauerkirschsaft mit dem Zucker zum Kochen bringen. Etwas abkühlen lassen und mit dem Chiliwodka vermischen. In Flaschen füllen und nochmals 2 Wochen lang ruhen lassen.

Ergibt etwa 0,75 L
Ruhezeit: 3 Wochen
Haltbarkeit: 8 Monate

Churfürstengold

10 g Orangenblüten, getrocknet
1 EL Pomeranzen- oder Orangenschalen, getrocknet
1 Sternanis
10 Gewürznelken
1 TL Koriander
2 Piment
1 Kardamom
1 TL Zimtblüten oder 1/3 Stange Zimt
1 TL Anis
7 Pfefferkörner
1 Muskatnuss
2 EL Orangenblütenwasser
2 EL Rosenblütenwasser
150 – 200 ml Läuterzucker
100 ml Weingeist, 70%
400 ml Wodka
2 Blätter Lebensmittel-Blattgold (E 175)

Die Gewürze mit dem Weingeist in einem Ansatzglas an einem warmen Ort 10 Tage lang ausziehen lassen.

Danach filtrieren und mit den Blütenwässern und dem Wodka vermischen. Mit dem Läuterzucker nach Geschmack süßen. Das Blattgold vorsichtig klein zupfen und zugeben. In eine Flasche abfüllen und an einem kühlen Ort mindestens 1 Monat lang reifen lassen.

Ergibt etwa 0,7 L
Ruhezeit: 10 Tage
Haltbarkeit: 8 Monate

Edelweißlikör

1 EL Edelweißtee (z.B. aus Anbau der Schweizer Alpen)
1 EL Zitronenverbene
1 TL Himbeerblätter, getrocknet
1 TL Rosenblüten, getrocknet
1 TL Lindenblütentee
100 ml Mirabellenwasser
200 ml Arrak
40 g weißer Kandis
200 ml Wasser
evt. Blütenhonig

Die getrockneten Kräuter in eine Flasche geben. Den Kandis darüber schütten. Mit Mirabellenwasser und Arrak aufgießen. Verschlossen an einem hellen und warmen Ort ruhen lassen. Dann klar filtern, die Kräuter dabei auffangen. Wasser und Kräuter zum Kochen bringen, vom Herd nehmen und abgedeckt 10 Minuten lang ziehen lassen. Filtrieren und abgekühlt mit dem Ansatz vermischen. Bei Bedarf mit etwas Blütenhonig nachsüßen.

Ergibt etwa 400 ml
Ruhezeit: 3 Wochen
Haltbarkeit: 8 Monate

Eichenlikör

100 g Eichenrindentee
5 Wacholderbeeren
5 Maronen
100g Waldhonig
150 g Rohrzucker
200 ml Weißwein
0,35 L Gin
0,35 L Wodka

Die Maronen einschneiden und im Backofen auf einem Backblech (vorher auslegen mit Backpapier) 35 Minuten bei 130 Grad rösten. Den Eichenrindentee noch 10 Minuten lang mit rösten lassen. Die Wacholderbeeren etwas andrücken. Die Maronen schälen. Wacholderbeeren, Rohrzucker, Honig, Wein, Gin und Wodka in eine Ansatzflasche geben. Schütteln, bis Zucker und Honig sich aufgelöst haben. Dann den Eichenrindentee und die Maronen zugeben. Verschließen und ziehen lassen. Durch ein Sieb schütten, nochmals durch einen Kaffeefilter geben und in Flaschen abfüllen. Verschließen und 3 Monate lang kühl nachreifen lassen.

Ergibt etwa 1 L
Ruhezeit: 5 Tage
Haltbarkeit: 8 Monate

Enzianlikör

7 g Enzianwurzel, getrocknet *(gentiana lutea)*
0,5 L Gin
0,4 L Wasser
300 g Zucker
2 EL Honig

Die Enzianwurzel in den Gin geben und verschließen. Nach der Ruhezeit durchfiltern. Das Wasser und den Zucker zu einem Sirup kochen und abgekühlt mit dem Enzianschnaps vermischen. Den Honig hinein rühren. Nochmals 1 Monat lang reifen lassen.

Ein magenstärkender und verdauungsfördernder, (sehr) bitterer Trunk.

Ergibt etwa 1,1 L
Ruhezeit: 1 Woche
Haltbarkeit: 8 Monate

Hinweis: *Bitte niemals den Enzian in der freien Natur selbst ausgraben (Artenschutz), zum Beispiel in der Apotheke getrocknet erhältlich.*

Feuerzangenlikör

2 Zitronen oder Limetten (bio)
0,75 L Rotwein
1 Zuckerhut
½ Stange Zimt
5 Gewürznelken
1 Sternanis, klein
3 Wacholderbeeren
½ TL Szechuanpfeffer, ganz
etwa 150 ml hochprozentigen Rum, mind. 54 %, besser 75,5%

Rotwein in einen großen Kochtopf geben. Zitronen abwaschen, abtrocknen, dünne Scheiben schneiden und mit den anderen Gewürzen zusammen beigeben. Erhitzen, aber nicht kochen lassen. Eine Feuerzange oder ein hitzefestes Gitter (Backofengitter) auf den Topf legen. Den Zuckerhut mit dem Rum tränken, bis er sich voll gesaugt hat. Darauf achten, dass genügend Abstand zu brennbaren Gegenständen ist, denn nun wird der Zuckerhut vorsichtig angezündet und verbrennt mit einer höheren (und sehr heißen) Flamme. Der Zucker schmilzt nun durch den verbrennenden Rum und tropft in den darunter stehenden Rotwein. Bis der Zucker ganz verbrannt ist, dauert es gut 10 bis 15 Minuten. Falls oder bevor die Flamme ausgeht, den Zucker mit einem Esslöffel mit weiterem Rum tränken. Dabei sehr vorsichtig sein, damit man sich nicht brennt, es kann eine Stichflamme geben, darum auf keinen Fall direkt aus der Flasche nachschütten!

Ist der Zucker nun ganz oder mit wenigen Rückständen geschmolzen, so kann man das (heiße) Gitter wegnehmen und den Wein gut durchrühren, bis sich der ganze Zucker gelöst hat. Nun das Ganze durch ein Sieb filtrieren. Testen, ob genügend Alkohol darin ist, eventuell etwas Rum nachschütten. Ist der Likör zu süß, kann man auch noch etwas Rotwein zugeben. Das Ganze dann abfüllen.

Hinweis: Dieser Likör schmeckt sehr gut auch in heißem Tee oder gewärmtem Rotwein!

Ergibt etwa 0,9 L
Ruhezeit: keine
Haltbarkeit: 8 Monate

Frühlingsgefühle

1 EL Potenzholz (muira puama)
3 EL Damiana
10 g Blauer Lotus (nymphaea caerulea)
30 g Catuaba
1 Vanilleschote
Schale 1 Zitrone (bio)
500 ml Wasser
250 g Honig
0,5 L Wodka

Die Kräuter, Vanille und die Zitronenschale im Wasser 20 Minuten lang leicht kochen lassen. Durchsieben, klar filtern und mit dem Honig verrühren. Den Wodka zugeben, abfüllen und zu zweit genießen.

Ergibt etwa 0,7 L
Ruhezeit: keine
Haltbarkeit: 8 Monate

Gewürztraum

0,7 L Gin
3 Sternanis
5 Gewürznelken
2 Stangen Zimt
1 TL Koriandersamen
1 TL Anissamen
200 g brauner Kandiszucker
400 ml Wasser

Wasser, Kandiszucker und Gewürze unter Rühren zum Kochen bringen, 3 Minuten lang kochen lassen. Vom Herd nehmen und alles abkühlen lassen. Den Gin zugeben und gut verrühren, auf Flaschen ziehen. Während der Ruhezeit öfter schütteln, danach durchfiltern und abfüllen.

Ergibt etwa 1,5 L
Ruhezeit: 10 Tage
Haltbarkeit: 8 Monate

Halloweenlikör (Lakritzlikör)

2 Stangen Lakritze (je 16 g, Süßholzextrakt, Apotheke)
100 ml abgekochtes Wasser
1 TL Anis
1 TL Fenchel, Samen
40 g brauner Rohrzucker, noch besser Moscobadozucker
0,4 L Rum, 40 %

Anis und Fenchel im Mörser leicht zerstoßen. Im Wodka ansetzen und 1 Woche lang ruhen lassen. Danach durchfiltern. Die Stangenlakritze zerschlagen und in ein Glas geben. Das warme Wasser und den Zucker zufügen und alles auflösen lassen. Das dauert etwa 2 Tage.

Mit dem Gewürz-Wodka vermischen. Durch ein feines Sieb in eine Flasche laufen lassen. Ergibt einen schwarzen, leicht dickflüssigen Likör.

Wirkt entkrampfend bei Husten und magenberuhigend.

Scharfe Variante:
Mit den Süßholzstangen kann man auch noch ein paar möglichst scharfe **Menthol- oder Eukalyptusbonbons** im Wasser auflösen. Dann braucht man in der Regel keinen Zucker mehr hinzufügen.

Ergibt knapp 0,5 L
Ruhezeit: keine
Haltbarkeit: 8 Monate

Holunderblütenlikör

10 Holunderblüten – Dolden
300 g Zucker
0,7 L Wasser
1 L Wodka
1 TL Zitronensäure

In einem großen Gefäß aus Glas, Porzellan oder Kunststoff Zucker und Zitronensäure im kalten Wasser auflösen. Die vorher gesäuberten Holunderblüten ohne Blätter oder Stiele zugeben. Verrühren und für 24 Stunden an die Sonne stellen. Täglich zweimal umrühren, dabei die Dolden gut eintauchen.

Danach alles durch ein Sieb und zur besseren Klärung nochmals durch ein Tuch schütten. Mit dem Alkohol vermischen und in Flaschen abfüllen. 2 Wochen lang reifen lassen.

Ergibt etwa 1,9 L
Ruhezeit: 24 Stunden
Haltbarkeit: 8 Monate

Ingwerlikör

0,7 L Weinbrand, 40 %
50 g frischer Ingwer
1 Stängel Zitronengras
3 Gewürznelken
1 Sternanis
abgeriebene Schale ½ Limette, unbehandelt
200 g Blütenhonig
150 ml Wasser

Den Ingwer schälen und in Stücke schneiden. Mit dem Honig, den Gewürznelken, dem Sternanis und dem Wasser einmal aufkochen lassen. Dann vom Herd nehmen und abgedeckt auskühlen lassen. Nun die Limettenschale, und das in kleine Scheibchen geschnittene Zitronengras zufügen. Mit dem Weinbrand vermischen. In eine Flasche abfüllen und bei Zimmertemperatur an einem lichtarmen Platz ruhen lassen. Danach klar filtern und in Flaschen füllen.

Beruhigt den Magen nach einem reichhaltigen Essen.

Ergibt etwa 1 L
Ruhezeit: 1 Woche
Haltbarkeit: 1 Jahr

Scharfer Ingwerlikör

0,5 L Wodka, 40 %
12 g Ingwer, getrocknet
4 g Koriandersamen

2 Pimentkörner, ganz
150 ml Wasser
150 g brauner Zucker

Ingwer, Koriander und zerstoßenen Piment mit Wasser und Zucker in einem Kochtopf 2 Minuten lang aufkochen, vom Herd nehmen. Auskühlen lassen und mit dem Wodka zusammen in eine Flasche geben. Für 3 volle Tage zum Ruhen an einen warmen Ort stellen. Danach filtrieren und in eine Flasche abfüllen.
Eine Reifezeit von weiteren 1 bis 2 Monaten verbessert den Geschmack. Nochmals klären durch einen Kaffeefilter vor dem Gebrauch.

Ergibt etwa 1 L
Ruhezeit: 3 Tage
Haltbarkeit: 1 Jahr

Johanniskrautlikör

50 g Johanniskraut, getrocknet oder 2 Handvoll frisches
1 Zitrone, unbehandelt
1 Zweig Zitronenmelisse, getrocknet
1 EL Verbenenkraut
1Muskatnuss
0,5 L Weinbrand
100 g Zucker
150 ml Wasser
1 EL Honig

Das Johanniskraut in ein Ansatzgefäß geben. Zitronenmelisse und Verbene zugebeben, sowie die gehackte Muskatnuss. Den Weinbrand zuschütten und an einen warmen Ort ruhen lassen.
Nach der Ruhezeit durch ein Tuch filtern. Aus Wasser und Zucker einen Sirup kochen, lauwarm den Honig einrühren und mit dem Johannisauszug vermischen. In eine Flasche abfüllen und an einem kühlen und dunklen Ort nochmals 1 Monat lang reifen lassen.

Dieser Likör hellt die Stimmung auf und hilft, regelmäßig getrunken, bei Depressionen!

Ergibt etwa 0,7 L
Ruhezeit: 4 Wochen
Haltbarkeit: 1 Jahr

Kakaolikör

100 g Kakaopulver, ungesüßt
1 Zimtstange
1 Vanilleschote
½ TL Gewürznelken
½ TL Koriandersamen
¼ Muskatnuss
¼ TL Anis
0,7 L Cognac
250 g Zucker
250 ml destilliertes Wasser

Das Kakaopulver im Cognac auflösen, in eine Ansatzflasche füllen. Die Vanilleschote aufschlitzen, Die Gewürze im Mörser grob mahlen und zufügen. Verschlossen warm und dunkel ruhen lassen.
Danach den Ansatz filtrieren, die Gewürze dabei aber nicht wegwerfen. Wasser mit Zucker in einen Kochtopf geben, die Gewürze wieder zufügen und 3 Minuten lang unter Rühren kochen lassen. Abseihen und etwas abgekühlt mit dem Cognac vermischen. Den Likör abfüllen und nochmals 2 Wochen lang reifen lassen.

Ergibt etwa 1,1 L
Ruhezeit: 10 Tage
Haltbarkeit: 8 Monate

Kaluavanilla

0,5 L Doppelkorn
1 P. Vanillezucker
1 Vanilleschote
20 g Kaffeebohnen
120 g weißer Kandis
100 ml Espressokaffee

Die Vanilleschote aufschlitzen und in 3 Stücke schneiden. Die Kaffeebohnen in eine Flasche füllen, die Vanille, den Vanillezucker und den Kandis zugeben. Mit dem Korn und dem abgekühlten Espresso auffüllen. Nach der Ruhezeit klar filtern und abfüllen.

Ergibt etwa 0,7 L
Ruhezeit: 8 Wochen
Haltbarkeit: 8 Monate

Kardamom – Mokka – Likör

15 g ganze Kaffeebohnen
10 g Kardamom
0,5 L Korn, 32 %
100 ml Weinbrand
200 ml Wasser
200 g brauner Zucker

Die Kaffeebohnen und den im Mörser grob zerstoßenen Kardamom in eine Flasche geben. Den Korn darüber schütten und das Ganze verschlossen 10 Tage lang an einem warmen Ort ruhen lassen.
Durch ein Sieb geben und klar filtern.
Wasser und Zucker zu einem Sirup kochen. Abgekühlt mit dem Kardamom – Ansatz und dem Weinbrand vermischen. Abfüllen und kühl und dunkel 3 Monate lang reifen lassen.

Ergibt etwa 0,9 L
Ruhezeit: 10 Tage
Haltbarkeit: 8 Monate

Korianderlikör

1 EL Koriandersamen
10 Gewürznelken
1 Vanilleschote
¼ Muskatnuss
1 EL Cranberries, getrocknet
200 ml Weingeist, 96%
300 ml Weinbrand
400 ml Wasser
100 g brauner Kandis
1 EL Waldhonig

Die Koriandersamen, Gewürznelken, Muskatnuss und auf-geschlitzte Vanilleschote in eine Ansatzflasche geben. Die Cranberries waschen und trocken schütteln, dann zugeben. Den Weingeist zugeben und verschließen. Für 6 Wochen an einen sonnigen Ort stellen, dabei täglich schütteln.
Danach öffnen und den Weinbrand, den Honig und den Kandis zugeben. Nun wiederum 2 weitere Wochen ruhen lassen.
Anschließend alles durch ein Tuch oder feines Sieb geben, bis alle Teilchen entfernt sind und abfüllen.
An einem kühlen und dunklen Ort 3 bis 4 Monate reifen lassen.

Ergibt etwa 1 L
Ruhezeit: 2 Monate
Haltbarkeit: 8 Monate

Kümmellikör

80 g Kümmel, sehr gute Qualität
1 TL Koriander
1 Sternanis
1 Stückchen Zitronenschale (bio)
200 g Kandis
0,7 L Gin

Den Kümmel und den Koriander in einem Mörser grob zerstoßen. Mit dem Sternanis und der Zitronenschale in eine Flasche geben. Den Kandis und den Gin zufügen. An einem sonnigen Ort ruhen lassen.
Nach der Ruhezeit klar filtern, abfüllen und nochmals 2 Wochen lang reifen lassen.

Ergibt etwa 0,8 L
Ruhezeit: 4 Wochen
Haltbarkeit: 8 Monate

Lavandula

1 Bund frischer Lavendel
3 Salbeiblätter
1 Vanilleschote
0,7 L Grappa
0,3 L klarer Apfelsaft ohne Zucker
300 g weißer Kandis

Die Vanilleschote aufschlitzen. Den Apfelsaft mit der Vanille und der Hälfte des Kandiszuckers kurz zu einem Sirup einkochen. Den Lavendel und den Salbei in ein Glas schichten, den Kandis und den noch warmen Sirup darüber geben. Abkühlen lassen, den Calvados zugeben und auf Flaschen ziehen.
Während der Ruhezeit öfter schütteln, danach dann filtern und abfüllen.

Ergibt etwa 1,1 L
Ruhezeit: 2 Monate
Haltbarkeit: 9 Monate

Löwenzahnlikör

0,7 L Grappa
100 g voll aufgeblühte Löwenzahnblüten
1 Zitrone
150 g Kandis
200 ml Wasser

Die Blüten waschen und trocken schütteln. Den grünen Blütenkelch oder Blättchen entfernen. In ein verschließbares Glasgefäß geben. Das Wasser erwärmen und den Kandis darin auflösen. Die Zitrone abwaschen, die Schale davon abreiben. Schale, Saft und Zuckerwasser zu den Löwenzahnblüten geben und verschließen. In die direkte Sonne stellen.
Nach der Ruhezeit klar filtern und den Grappa zugeben. Gut miteinander vermischen und abfüllen. Mindestens einen weiteren Monat lang reifen lassen. Danach kühl und dunkel lagern.

Eine gute Entgiftungskur bei regelmäßigem (und ebenfalls mäßigem!) Genuss.

Ergibt etwa 0,9 L
Ruhezeit: 2 Wochen
Haltbarkeit: 8 Monate

Lindenblütenlikör

50 g Lindenblütentee oder 1 Handvoll frische Lindenblüten
150 g Lindenhonig
200 ml Wasser
abgeriebene Schale 1 Zitrone
0,7 L Obstwasser

Wasser aufkochen, Honig und Lindenblüten zufügen. Vom Herd nehmen und zugedeckt abkühlen lassen. Zitronenschale und Obstwasser zugeben, gut verrühren und in ein Ansatzgefäß umschütten. Verschlossen an einem warmen Ort ruhen lassen.

Nach der Ruhezeit durch ein Sieb filtern, nochmals durch einen Kaffeefilter klären und abfüllen. An einem kühlen Platz mindestens 3 Monate lang reifen lassen.

Ergibt etwa 0,9 L
Ruhezeit: 4 Wochen
Haltbarkeit: 8 Monate

Magenlikörchen

4 Sternanis
1 TL Anissamen
1 TL Fenchelsamen
1 TL Dillsamen
1 TL Koriandersamen
5 Nelken
4 EL getrocknete Heidelbeeren
100 g brauner Kandis
3 EL Honig
1 L Weinbrand

Alle Gewürze in einem Mörser grob zerkleinern. In eine Flasche oder ein Glas geben. Den Kandis zugeben und den Honig darüber träufeln. Mit dem Weinbrand auffüllen. An einem warmen Ort ruhen lassen.

Danach klar filtern und nochmals 14 Tage lang reifen lassen.

Ergibt etwa 1,1 L
Ruhezeit: 4 Wochen
Haltbarkeit: 10 Monate

Muskatblütenlikör

2 g Macisblüte
¼ Muskatnuss
200 ml Weingeist, 96%
300 ml Wasser
150 ml Läuterzucker
1 Stück Orangenschale, unbehandelt

Macisblüte, Muskatnuss und die Orangenschale in den Weingeist einlegen, verschließen und für 2 Wochen an einen sonnigen und warmen Ort stellen. Danach abseihen, die Blüte und die Muskatnuss in das Wasser geben und 5 Minuten lang kochen lassen. Filtern und die Flüssigkeit abgekühlt mit dem Läuterzucker und dem Alkoholansatz vermischen. Auf eine Flasche ziehen und 4 Wochen lang nachreifen lassen.

Ergibt etwa 0,6 L
Ruhezeit: 2 Wochen
Haltbarkeit: 8 Monate

Nachtkerzenblütenlikör

zweimal je 1 Handvoll Nachtkerzenblüten
(frisch, am Abend pflücken!)
0,5 L Wodka
100 g Zucker
100 ml Wasser

Die sauberen Blüten in ein Glas geben. Den Wodka darüber schütten und 1 Tag lang mazerieren lassen. Danach filtern und den Auszug nochmals über eine Handvoll Blüten geben. Wieder 1 Tag lang ziehen lassen. Danach klar filtern durch einen Kaffeefilter. Aus dem Wasser und dem Zucker einen Sirup kochen (3 Minuten) und erkaltet mit dem Auszug vermischen. Abfüllen und 1 Monat lang reifen lassen. Trübungen mit einem Kaffeefilter entfernen.

Ergibt etwa 0,6 L
Ruhezeit: 2 Tage
Haltbarkeit: 6 Monate

Pfefferminzlikör

2 Handvoll frische Pfefferminze
250 ml Weingeist, 96%
1 g Macisblüte
½ TL Koriandersamen
4 Gewürznelken
abgeriebene Schale 1 unbehandelten Orange
400 ml Wasser
300 g Zucker

Die Pfefferminze waschen, trocken schütteln und ohne die Stiele grob hacken. In ein Ansatzgefäß geben. Nelken, Macisblüte, Orangenschale, Koriander und Weingeist zufügen. Alle Blätter müssen bedeckt sein! Verschließen und an einem dunklen Ort ruhen lassen.
Nun den Ansatz durchfiltern. Einen Sirup aus dem Wasser und dem Zucker kochen und abgekühlt mit dem Alkohol vermischen.

Ergibt etwa 0,8 L
Ruhezeit: 2 Wochen
Haltbarkeit: 8 Monate

Provencale

10 g Süßholzwurzel
25 g Kräuter der Provence in Bio-Qualität
10 g frischer Ingwer
½ TL Wacholderbeeren
1 TL Fenchelsamen
500 ml Wasser

250 ml Weingeist, 96%
120 ml Läuterzucker

Die Kräuter und Gewürze im Wasser aufkochen lassen, dann abgedeckt 60 Minuten lang ziehen lassen, aber nicht mehr kochen. Danach abkühlen lassen und den Weingeist zugeben. In einer Flasche dunkel und kühl ruhen lassen. Nach der Ruhezeit klar filtern. Den Läuterzucker zugeben bis zur gewünschten Süße, gut vermischen und abfüllen.

Ergibt etwa 0,7 L
Ruhezeit: 1 Woche
Haltbarkeit: 9 Monate

Radieschengrünlikör „Grüner Hüpfer"

1 Bund Radieschen, möglich biologisch
150 ml Weingeist, 96%
40 ml Wasser
2 EL Orangenzucker
400 ml Wasser
100 ml Läuterzucker

Den Bund Radieschen waschen und trocken schütteln. Das Grün abschneiden und in ein Ansatzgefäß geben. 3 Radieschen vierteln und zufügen. Mit dem Weingeist und 40 ml Wasser begießen für 3 Tage ausziehen lassen. Dabei oft schütteln.
Dann filtern und Orangenzucker, Läuterzucker und das abgekochte Wasser zufügen. Miteinander verrühren, bis der Zucker gelöst ist. Solange durch angefeuchtete Kaffeefiltertüten klären, bis man eine klare, grüne Flüssigkeit erhält.
In Flaschen abfüllen und 1 Monat lang kühl und dunkel ruhen lassen.

Ergibt etwa 0,7 L
Ruhezeit: 3 Tage
Haltbarkeit: 8 Monate

Rosmarinaro

0,7 L Cognac
3 Zweige frischer Rosmarin
1 Zweig frischer Thymian
120 g Zucker
200 ml Wasser

Die Rosmarinzweige und den Thymian in den Cognac geben. Verschließen und
an einem sonnigen Ort ruhen lassen. Täglich schütteln.
Danach die Kräuter entfernen. Aus dem Zucker und dem Wasser 5 Minuten
lang einen Sirup kochen, abgekühlt mit dem Weinbrand vermischen. Abfüllen
und verschließen, noch 4 Wochen lang reifen lassen, dunkel und kühl lagern.

Ergibt etwa 0,9 L
Ruhezeit: 3 Wochen
Haltbarkeit: 8 Monate

Safranlikör

1 Zimtstange
10 Gewürznelken
½ TL Koriandersamen
1 Kardamom, ganz
¼ Muskatnuss
½ TL schwarzer Pfeffer
1 Döschen Safran
2 Vanilleschoten
1 Orangen, unbehandelt
0,7 L weißer Rum
300 ml Wasser
150 g Zucker
80 g Rohrzucker

Wasser, Rohrzucker und Zucker zu einem Sirup verkochen. Den Kardamom schälen und mit dem Koriander und den Nelken im Mörser zerstoßen, die Vanilleschoten aufschlitzen und in je 3 Stücke schneiden. Die Orange waschen und die Schale abreiben. Die Muskatnuss zerteilen, den Pfeffer grob zerstoßen. Alle Gewürze nun in eine Literflasche geben, den noch heißen Sirup darüber geben. Ist das Ganze ausgekühlt, schüttet man den Rum zu und verschließt die Flasche. Während der Ruhezeit täglich durchschütteln.

Nun durch ein feines Sieb klären, abfüllen und noch 1 Monat lang ruhen lassen.

Ergibt etwa 1,2 L
Ruhezeit: 2 Wochen
Haltbarkeit: 8 Monate

Salbeilikör

20 frische Salbeiblätter
wenn vorhanden, ein paar Salbeiblüten
1 kleiner Zweig Rosmarin
1 kleiner Stängel Pfefferminze
1 Zitrone, unbehandelt
0,7 L Doppelkorn
100 ml Weingeist, 96 %
200 g weißer Kandis
200 ml Wasser, abgekocht

Salbei, Pfefferminze und Rosmarin abwaschen und grob zerschneiden. Mit den Blüten in eine Ansatzflasche geben. Den Kandis zufügen. Die Schale der gewaschenen Zitrone abreiben und zugeben. Mit Weingeist und Doppelkorn auffüllen, verschließen und an die Sonne oder an einen warmen Ort stellen. Täglich durchschütteln.

Nach der Ruhezeit testen, ob der Kräutergeschmack intensiv genug ist. Wenn ja, durchfiltern und abfüllen. Das Wasser zugeben 4 Wochen lang dunkel und kühl nachreifen lassen. Ansonsten nochmals 1 Woche lang ruhen lassen und dann wie vor vorgehen.

Ergibt etwa 1,1 L
Ruhezeit: 1 Woche
Haltbarkeit: 10 Monate

Teelikör

2 EL schwarzer Tee (z.B. Assam)
350 ml Wasser
0,7 L Wodka
0,1 L Weingeist, 96 %
1 Zitrone, unbehandelt
½ Zimtstange
1 Sternanis
½ Muskatnuss
200 g brauner Krümelkandis

Den Tee mit dem aufgekochten Wasser überbrühen, Zimtstange, Sternanis und die Schale der abgewaschenen Zitrone zugeben und nach 5 Minuten (zugedeckt) durchsieben.
Abgekühlt mit dem Wodka und dem Weingeist vermischen. Zusammen mit dem Kandis in eine Flasche geben. Nach der Ruhezeit klar filtern und abfüllen. Dunkel lagern.

Ergibt etwa 1 L
Ruhezeit: 1 Woche
Haltbarkeit: 8 Monate

Thymianlikör

0,7 L Gin
1 Limette, ungespritzt
1 Handvoll frischer Thymian oder Quendel
0,4 L Wasser
100 g weißer Kandis

100 g Zucker
1 Msp. Muskatblüte

Die Limette abwaschen und die Schale abreiben. Mit dem Kandis in eine Flasche geben. Den Zucker und das Wasser zusammen zu einem Sirup einkochen. Den Thymian grob hacken und in die Flasche füllen, die Muskatblüte zufügen und den noch heißen Sirup darauf schütten. Ist die Flüssigkeit nicht mehr heiß, wird der Gin dazu gegeben. Nun verschließen und während der Ruhezeit öfters schütteln, danach klar filtern und abfüllen.

Hilft bei leichter Übelkeit nach zu viel oder zu schwerem Essen.

Ergibt etwa 1,2 L
Ruhezeit: 1 Monat
Haltbarkeit: 8 Monate

Vanillelikör

3 Vanilleschoten
2 Gewürznelken
0,7 L Weinbrand, mind. 36%
100 ml Weingeist, 96%
200 g Zucker
200 ml Wasser

Vanilleschoten aufschlitzen und das Mark heraus schaben. Mark und Schoten zusammen mit den Gewürznelken, Zucker und Wasser in einen kleinen Kochtopf geben und 15 Minuten lang leicht köcheln. Abkühlen lassen und mit dem Weinbrand und dem Weingeist vermischen. Alles in eine Flasche füllen und an einem warmen Ort verschlossen ruhen lassen.
Danach klar filtern und abfüllen. Eine anschließende Reifezeit von 1 Monat verbessert den Likör nochmals.

Eignet sich auch zum Aromatisieren von Desserts, Eis oder anderen Likören.

Ergibt etwa 1 L
Ruhezeit: 4 Wochen
Haltbarkeit: 8 Monate

Waldlikör

2 Handvoll Mai-Tannenspitzen
0,5 L Wasser
1 Zitrone, unbehandelt
1 Orange, unbehandelt
200 g Waldhonig
100 g Zucker
0,75 L Doppelkorn
1 großes, verschraubbares Gefäß

Die Nadeln waschen und trocken schleudern. Mit dem Wasser und dem Zucker in einen Kochtopf geben und auf-kochen. Austretenden Schaum abschöpfen. Nach 5 Minuten den Herd ausschalten und den Topf darauf ziehen lassen, bis die Flüssigkeit nur noch lauwarm ist. Den Honig zugeben und den Doppelkorn unterrühren. Die Zitrone und die Orange waschen und trocknen. Die Schalen mit dem Zestenreißer entfernen und dem Ansatz zugeben. Die Zitrone auspressen, den Saft ebenfalls zufügen. Alles in ein großes Glas geben, verschließen und ruhen lassen.
Nach der Ruhezeit durch ein Sieb drücken, nochmals durch ein feuchtes Tuch klären und auf Flaschen ziehen. Kühl und dunkel lagern.

Ein Hausmittel bei Erkältung, Halsschmerzen und Heiserkeit!

Ergibt etwa 1,3 L
Ruhezeit: 4 Wochen
Haltbarkeit: 8 Monate

Waldmeisterlikör

0,5 L Wodka
5 Zweige Waldmeister
50 g Kandiszucker
20 g getrocknete Orangenblüten
0,2 L Wasser
100 g Zucker
Abrieb ½ Limone (bio)

Den Waldmeister 1 Tag lang welken lassen. Dann zusammen mit dem Kandis, den Orangenblüten und der Limonen-schale in den Wodka geben, verschließen und warm und sonnig ruhen lassen.
Danach durchfiltern. Aus dem Wasser und dem Zucker einen Sirup kochen und den Waldmeisterauszug nach dem Abkühlen damit bis zur gewünschten Stärke süßen. Abfüllen und 2 Monate lang ruhen lassen.

Ergibt etwa 0,75 L
Ruhezeit: 1 Woche
Haltbarkeit: 8 Monate

Wiesenblütenlikör

etwas Waldmeistergrün, etwas verwelkt
1 Handvoll Gänseblümchen
1 Handvoll Löwenzahnblüten
½ Handvoll Gundermannblüten
½ Handvoll Taubnesselblüten
1 Rispe Fliederblüte
2 Rosenblüten, voll erblüht und duftend
1 EL Salbeiblüten
1 TL Jasminblüten
1 EL Zitronensäure
1 Zitrone, unbehandelt
0,5 L Wasser, entkalkt

0,5 L weißer Traubensaft (alternativ klarer Apfelsaft)
1 kg Zucker
1 L weißer Rum
1 L Wodka

Wasser und Saft kurz aufkochen. Die sauberen Blüten von allem Grün und „Gästen" befreien. Zitronensäure und Zucker in eine große Schüssel geben, das Wassersaftgemisch darüber schütten. Die Zitrone waschen, die Schale abreiben und den Saft pressen, alles zugeben. Die Blüten und den Waldmeister zufügen. Die Schüssel für 24 Stunden, bis der Zucker vollkommen gelöst ist, an die Sonne stellen, dabei öfters umrühren und die Blüten in die Flüssigkeit tauchen.
Alles durch ein Mulltuch filtern, eventuell wiederholen, bis der Sirup klar ist.
Mit dem Rum und dem Wodka vermischen und auf Flaschen ziehen.
Mindestens 2 Wochen lang nachreifen lassen an einem kühlen, dunklen Ort.

Ergibt etwa 3,3 L
Ruhezeit: 2 Wochen
Haltbarkeit: 8 Monate

Wodka Melissa

2 Handvoll frische Zitronenmelisse
1 Stängel Zitronengras
Schale ½ Zitrone, unbehandelt
0,4 L Wodka
0,1 L klarer Apfelsaft
100 g Zucker

Die Melissenblätter waschen und grob hacken. Das Zitronengras in Stücke schneiden. Mit der Zitronenschale in eine dicke Flasche oder ein Glas füllen und den Wodka darüber schütten, bis die Flasche voll ist. Verschließen und an die Sonne stellen. Täglich schütteln.

Nach der Ruhezeit den Saft und den Zucker 3 Minuten lang zu einem Sirup kochen. Sobald er abgekühlt ist, mit dem gefilterten Ansatz vermischen, bis er süß genug schmeckt und auf Flaschen ziehen. 1 Monat lang ruhen lassen.

Ergibt etwa 0,5 L
Ruhezeit: 3 Wochen
Haltbarkeit: 9 Monate

Zapfengeist

15 frische, noch sehr junge Zapfen von der Zirbe (noch violett) oder Lärche
1 TL Anis
150 g Zucker
0,5 L Doppelkorn
150 ml destilliertes Wasser

Die Zapfen waschen und in Stücke schneiden. In ein Glas schichten und mit dem Zucker bestreuen. Verschließen und 1 Tag lang ziehen lassen. Dann mit dem Doppelkorn begießen. Alle Zapfen sollten bedeckt sein! Den Anis im Mörser etwas zerstoßen, zugeben und verschließen. Zum Ruhen an einen warmen und sonnigen Ort stellen. Zwischendurch testen, wenn der Geschmack zu bitter wird, sofort filtern.
Sonst nach der Ruhezeit filtern und destilliertes Wasser zugeben. In Flaschen abfüllen und nochmals 2 Monate lang reifen lassen. Kühl und dunkel lagern.

Ergibt etwa 0,75 L
Ruhezeit: 4 Wochen
Haltbarkeit: 8 Monate

Zimt – Espresso

0,5 L Grappa
250 g brauner Zucker
4 abgekühlte Espresso
1 Vanilleschote
1 Msp. gemahlener Kardamom
250 ml Wasser

Vanilleschote aufschlitzen, in Stücke schneiden. Wasser, Zucker und Vanilleschote zu einem Sirup kochen (5 Minuten lang kochen lassen). Espresso und Kardamom einrühren, gut durchmischen. Abgekühlt den Grappa zugeben, verrühren und in eine Flasche abfüllen. Nach der Ruhezeit filtern und abfüllen.

Ergibt etwa 1 L
Ruhezeit: 2 Wochen
Haltbarkeit: 8 Monate

Zitronengraslikör

6 Stängel Zitronengras
abgeriebene Schale von 2 Limetten
0,5 L weißer Rum
100 g weißer Kandis
¼ TL Piment
100 ml destilliertes Wasser

Das Zitronengras waschen und in kleine Scheibchen schneiden. Die Limetten-schale und das Zitronengras in ein Glas schichten. Kandis, Rum und den Piment darüber geben. Verschließen und an einen sonnigen Platz stellen.
Ansatz filtern, das Wasser zugeben und abfüllen. Nach Geschmack nachsüßen.

Ergibt etwa 0,5 L
Ruhezeit: 3 Wochen
Haltbarkeit: 8 Monate

4. Zuckerfreie Liköre

Als Zuckerersatz eignen sich beispielsweise:

Fruchtzucker
Stevia
Agavendicksaft
Ahornsirup
Honig
süße Früchte

Allerdings geht es hier um den reinen Ersatz, nicht um die Verwendbarkeit für Diabetiker. Diese müssen vor Einnahme von Alkohol, speziell von Likören, immer mit ihrem Arzt darüber Rücksprache halten.

Für Diabetiker, die kein Insulin spritzen müssen, ist grundsätzlich eine kleine Menge Alkohol akzeptabel, dabei muss aber wegen der Kohlenhydrate auf den Anteil an Zucker oder Fruchtzucker geachtet werden. Hierfür wäre Steviakraut ein denkbarer Ersatz, da es keine Kalorien hat und angeblich den Blutzucker auch nicht erhöht.

Dabei ist zu beachten:
1 g (reiner) Alkohol enthält 7 kcal, dementsprechend enthält
1 g 50 % iger Alkohol 14 kcal
1 g 25 % iger Alkohol 28 kcal

Allerdings ist Stevia (stevia rebaudiana, Süßkraut) bei uns in Deutschland und in der EU bis heute (2009) als Lebensmittel oder Lebensmittelzusatzstoff untersagt. In anderen Ländern (Asien, Südamerika) wird es seit vielen Jahren verwendet. Der Verkauf erfolgt daher in Deutschland nur als Zahnpflegemittel, dazu scheint es nicht zu „gefährlich" zu sein. Die Süßkraft von Stevia ist bis mehr-hundertfach der von Zucker vergleichsweise! Jeder muss sich selbst ein Bild davon machen, ob er dieses teilweise als Heilpflanze verwendete Kraut versuchen möchte.

Stevia ist erhältlich als getrocknetes Kraut, aus dem dann ein alkoholischer oder wässriger Auszug hergestellt wird (auskochen). Alternativ dazu gibt es im Handel sogenanntes Steviosid in Pulver- oder Tablettenform

Stevia – Alkoholauszug

4 EL Steviakraut, getrocknet
100 ml Wodka, 40%

Das Stevia in ein Glas geben, den Wodka darüber schütten und verschließen.
Am nächsten Tag nochmals Wodka nachfüllen und für mindestens 2 Wochen
an die Sonne stellen, täglich schütteln.
Danach filtern, die Blätter dabei fest abpressen. Eventuelle Reste nochmals
herausfiltern.
Dieser Ansatz kann nun zum Süßen verwendet werden, aber Vorsicht, er ist
echt süß!

Alkohol kann gefährlich werden durch Unterzuckerung (die Leber bildet
keinen neuen Zucker mehr durch den Alkoholkonsum), oftmals auch verzögert
(bis zu 12 Stunden) eintretende Wirkung!

Besonders gefährlich ist Alkohol bei Diabetikern, die mit Insulin und blut-
zuckersenkenden Stoffen behandelt werden.
Es kommt also nicht nur auf den Zuckergehalt des Getränks an, sondern auch
auf den Alkoholanteil!

Bei diesen Rezepten geht es also vor allem darum, wie und womit man Zucker
im Bereich der Likörherstellung ersetzen kann. Dabei muss jeder für sich die
richtige Süße herausfinden. Besonders wer seinen Zuckerkonsum ein-
schränken will (oder auch muss), stellt sich meist recht schnell um und der
Grad der Süße, die als angenehm empfunden wird, reduziert sich recht schnell.

Absacker – Likör

70 g Ehrenpreis, getrocknet
20 g Melisse, getrocknet
20 g Orangenblüten, getrocknet
½ Muskatnuss
2 Sternanis

0,7 L Grappa
200 ml Wasser
200 g Blütenhonig

Muskatnuss grob hacken. Das Wasser zum Kochen bringen. Alle Kräuter zufügen und vom Herd nehmen. Abdecken, noch lauwarm den Honig zugeben, die Muskatnuss und den Sternanis. Dann auskühlen lassen. Den Grappa zufügen, gut durchrühren und in ein Ansatzgefäß geben. Verschlossen an einem dunklen, zimmerwarmen Ort ruhen lassen.
Nach der Ruhezeit klar filtern und in Flaschen füllen. 2 Monate lang an einem kühlen Ort reifen lassen.

Vor dem Bettgehen getrunken, wirkt dieser Likör beruhigend und schenkt guten Schlaf.

Ergibt etwa 0,9 L
Ruhezeit: 2 Wochen
Haltbarkeit: 8 Monate

Ahornwhisky

0,5 L Whisky, vorzugsweise aus Canada
100 ml Ahornsirup Grad A
200 ml Wasser

Das Wasser erwärmen und den Ahornsirup darin auflösen.
Abgekühlt mit dem Whisky vermischen. Abfüllen und ruhen lassen.

Ergibt etwa 0,7 L
Ruhezeit: 3 Wochen
Haltbarkeit: 8 Monate

Anisette

50 g Anissamen, ganz
1 Kardamomkapsel, ganz
1 Stange Zimt
5 Gewürznelken
1 Limette, unbehandelt
2 – 3 EL Blütenhonig
1 TL Stevia, getrocknetes Kraut
250 ml Wasser
0,5 L Grappa

Den Anis, den Kardamom und die Nelken im Mörser grob zerstoßen. In ein Ansatzgefäß geben, die Zimtstange, die abgeriebene Schale der gewaschenen Limette (ohne die weiße Haut!) und das Steviakraut zugeben. Den Grappa darüber schütten und das Ganze verschließen. Nun stellt man die Flasche an einen warmen Ort und lässt sie ruhen.
Nach der Ruhezeit klar filtern und auf die Süße testen. Danach richtet sich auch der Verbrauch des Honigs, den wir im aufgekochten und leicht abge-kühlten Wasser auflösen und der Anisette zugeben.
Abschmecken, nach Geschmack nachsüßen mit Honig und abfüllen.

Ergibt etwa 0,75 L
Ruhezeit: 2 Wochen
Haltbarkeit: 8 Monate

Avocadocreme

1 Avocado, sehr reif und weich
180 ml Kaffeesahne
250 ml Weinbrand
120 ml Agavendicksaft
1 Prise Langer Pfeffer oder Kubebenpfeffer

Avocado schälen, Kern entfernen und in Stücke schneiden. In ein hohes Rührgefäß geben. Zusammen mit der Sahne mit dem Passierstab fein mixen. Weinbrand zugeben und durch ein großes Sieb streichen. Mit dem Agavendicksaft süßen, mit dem frisch gemahlenen Pfeffer abschmecken. Abfüllen, im Kühlschrank aufbewahren. Wird dunkler durchs Lagern.

Ergibt etwa 0,7 L
Ruhezeit: keine
Haltbarkeit: 4 Wochen

Banani

1 sehr reife Banane
½ Ananas
4 EL Agavendicksaft
150 ml Wasser
0,5 L Obstwasser, 32 %

Die Banane schälen und mit einer Gabel zerdrücken. Die Ananas schälen und in Stücke schneiden. Ananas, Banane und Wasser zusammen in eine Schüssel geben und mit dem Passierstab fein mixen. Den Alkohol zugeben. Alles durch ein Sieb streichen und filtern. Mit dem Agavendicksaft auf die gewünschte Süße würzen, abfüllen.

Ergibt etwa 0,7 L
Ruhezeit: keine
Haltbarkeit: 6 Monate

Chokki

4 Eigelbe
9 EL Honig
6 geh. TL Kakaopulver (ohne Zucker)
300 ml weißer Rum

Die Eigelbe und den Honig miteinander in einem kleinen Kochtopf verrühren. Bei sehr wenig Hitze erwärmen, dabei mit dem Schneebesen schaumig schlagen. Nicht zu sehr erhitzen, damit das Eigelb nicht stockt, aber eine dicke, schaumige Creme entsteht. Den Kakao zugeben und darin auflösen. Vom Herd nehmen und unter ständigem Weiterschlagen schussweise den Rum einrühren. Ist eine homogene Masse entstanden, in eine Flasche abfüllen und sofort kalt stellen. Bald verbrauchen.

Bitte beachten Sie, dass herkömmliche Kakaopulver einen hohen Anteil an Zucker oder Zuckeraustauschstoffen haben. Ich habe daher ein reines Kakaopulver verwendet, bei näherer Hinsicht zeigt sich allerdings auch hier ein geringer Zuckeranteil (etwa 1,8 g auf 100 g).

Ergibt etwa 0,5 L
Ruhezeit: keine
Haltbarkeit: 1 Monat

Colanuss-Likör

30 g ganze Colanüsse
350 ml Obstwasser oder Doppelkorn
200 ml Ahornsirup
Schale einer Zitrone, unbehandelt
1 Zweig Zitronenmelisse

Die Colanüsse grob hacken. Mit der Zitronenschale, der Zitronenmelisse in ein Ansatzgefäß geben und mit dem Obstwasser aufgießen. Verschlossen an einem warmen, hellen Ort ruhen lassen.
Nach der Ruhezeit filtrieren und mit dem Ahornsirup vermischen. In eine Flasche abfüllen und dunkel lagern.

Hinweis: Colanüsse enthalten Coffein und sind deshalb als belebend und leistungssteigernd bekannt. Zusätzlich beruhigen sie aber den Magen!

Ergibt etwa 0,6 L
Ruhezeit: 3 Wochen
Haltbarkeit: 8 Monate

Kastrierter Kosak

0,5 L Wodka
1 Zimtstange
1 EL Kakaopulver (ohne Zucker)
30 Kaffeebohnen
2 Tassen starker Kaffee
1 EL Steviablätter

Alles zusammen in eine Flasche füllen und mehrmals täglich schütteln. Nach der Ruhezeit durch einen Kaffefilter geben und abfüllen. Nochmals 1 Woche lang ruhen lassen.

Ergibt etwa 0,7 L
Ruhezeit: 2 Wochen
Haltbarkeit: 7 Monate

Honeymoon

2 EL Damianakraut
5 Gewürznelken
½ Muskatnuss
1 TL Macisblüte
1 Zimtstange
1 Vanilleschote
1 P. Safran (0,1 g)
1 cm frischer Galgant
5 EL Blütenhonig
300 ml Wasser
0,7 L Grappa

Die Muskatnuss im Mörser grob zerkleinern. Den Galgant in kleine Stücke schneiden. Die Vanilleschote aufschlitzen. Kräuter und Gewürze in ein Gefäß geben. Den Alkohol und den Honig zufügen. Verschließen und an einem warmen Ort (wichtig!) ruhen lassen. Anschließend klären und mit dem aufgekochten, dann abgekühlten Wasser vermischen. Abfüllen und nochmals 2 Wochen lang reifen lassen.

Ergibt etwa 1 L
Ruhezeit: 2 Wochen
Haltbarkeit: 7 Monate

Hopfenlikör

10 g Hopfen, getrocknet (Teequalität)
Schale ½ Zitrone, unbehandelt
100 g Honig
350 ml weißer Rum
150 ml Wasser

Den Hopfen mit der Zitronenschale im Alkohol ansetzen und an einem hellen und warmen Ort ruhen lassen.
Dann den Hopfen abseihen, die Kräuter dabei auffangen und mit dem Wasser und dem Honig zum Kochen bringen. Nach 3 Minuten durch ein Sieb geben, klar filtern und abgekühlt nun den Sirup mit dem Hopfenkorn vermischen. In Flaschen abgefüllt soll der Hopfenlikör noch 2 Wochen oder mehr an einem dunklen und kühlen Ort reifen.

Hopfen hat eine beruhigende und entspannende Wirkung und eignet sich besonders vor dem Schlafengehen!

Ergibt etwa 0,7 L
Ruhezeit: 4 Wochen
Haltbarkeit: 8 Monate

Lebkuchenlikör

30 g Lebkuchengewürzpulver
¼ TL weißes Steviapulver
400 ml Weinbrand
200 ml abgekochtes Wasser

Das Lebkuchengewürzpulver wird in eine Flasche geschüttet und mit dem Weinbrand aufgefüllt. Verschlossen ruht es nun an einem warmen Ort. Dabei täglich fest durchschütteln.
Danach hat sich unten ein dickflüssiger Satz gebildet, von dem der flüssige Teil zur weiteren Verwendung abgefüllt wird. Das Wasser wird abgekocht und leicht abgekühlt mit dem Stevia gesüßt. Dann vermischt man Wasser und Weinbrand und füllt dies in eine Flasche ab. Abschmecken und gegebenenfalls nachsüßen. Eine Reifezeit von 1 bis 3 Monaten verbessert den Likör.

Dieser Likör hat je nach Ruhezeit einen starken Zimtgeschmack. Er eignet sich sehr gut zum Aromatisieren von Getränken, Gewürzkuchen, Weihnachts-gebäck, Geflügel, Desserts, Parfaits und für alles, was „zimtig" schmecken soll!

Ergibt etwa 0,5 L
Ruhezeit: 1 Woche
Haltbarkeit: 8 Monate

Mönchstraum

1 TL Anissamen
1 TL Koriandersamen
0,1 g Safran
1 Lorbeerblatt
5 Wacholderbeeren
abgeriebene Schale ½ Zitrone
0,5 L Doppelkorn, 40 %
7 EL Waldhonig

Kräuter und Samen in eine Flasche geben, mit den Doppelkorn begießen und verschlossen für 2 Wochen an die Sonne stellen. Danach durchfiltern und unter Rühren den Honig darin auflösen. 1 Monat lang reifen lassen.

Ergibt etwa 0,7 L
Ruhezeit: 2 Wochen
Haltbarkeit: 8 Monate

Rosinenlikörchen

200 g Rosinen, nicht geschwefelt
400 ml Weinbrand
5 Nelken
½ Zimtstange
1 Vanilleschote
150 ml destilliertes Wasser

Rosinen mit heißem Wasser abwaschen, trocken schütteln. In ein Ansatzgefäß geben, die Nelken, Zimtstange und die aufgeschlitzte Vanilleschote zufügen. Mit Weinbrand auffüllen und verschließen. Dunkel ruhen lassen.
Nach der Ruhezeit Zimtstange und Vanilleschote entfernen, die Rosinen leicht ausdrücken. Sie können zum Backen weiter verwendet werden. Das destillierte Wasser dem Likör nach Belieben zugeben. Abfüllen und dunkel lagern.

Ergibt etwa 0,6 L
Ruhezeit: 1 – 2 Monate
Haltbarkeit: 8 Monate

Rotkleelikör

2 Handvoll frische Rotkleeblüten
35 Blättchen Pfefferminze, frisch
Schale 1 unbehandelten Orange

0,7 L Grappa
200 ml Wasser
90 g Fruchtzucker

Blüten und Minzblätter vorsichtig mit kaltem Wasser abbrausen und trocken schütteln. In ein Ansatzgefäß geben. Orangenschale zufügen und mit dem Grappa begießen. Verschlossen an einen warmen, sonnigen Ort ruhen lassen. Danach durchfiltern. Wasser abkochen und in dem ab-gekühlten Wasser den Fruchtzucker auflösen. Dem Ansatz zugeben und gut miteinander vermischen. Zur Nachreife an einen kühlen und dunklen Ort für 2 Monate stellen.

Ergibt etwa 1 L
Ruhezeit: 6 Wochen
Haltbarkeit: 8 Monate

Sanddorncreme

5 Eigelb
1 Prise Salz
150 g Blütenhonig
5 EL Sanddorn – Vollfrucht
200 ml Sahne
200 ml Calvados (oder Birnenwasser)
300 ml Cognac

Eigelb und Salz mit dem Mixer im Wasserbad cremig schlagen. Dabei das Wasserbad nur erwärmen, keinesfalls kochen lassen! Ganz langsam die Sahne hineinlaufen lassen. Honig löffelweise unter ständigem Weiterrühren zugeben, danach den Sanddorn. In diese cremige Masse nun den Calvados und den Cognac geben, dabei immer weiterrühren, damit alles homogen wird. Danach abfüllen, verschließen und in den Kühlschrank geben.

Ergibt etwa 0,9 L
Ruhezeit: keine
Haltbarkeit: 2 Monate

Traubenlikör

700 g rote, möglichst aromatische Trauben, unbedingt ungespritzt!
1 Zitrone, unbehandelt
0,7 L Grappa
200 ml Wasser
50 g Fruchtzucker

Die Trauben waschen und aufschneiden. Große Kerne möglichst entfernen. Die Zitrone waschen und die Schale abreiben. Alles mit dem Grappa in ein Ansatzgefäß geben. Verschließen und 6 Wochen lang einem warmen aber dunklen Ort ruhen lassen.
Danach durchfiltern. Das Wasser abkochen, den Frucht-zucker in dem abgekühlten Wasser auflösen und den so erhaltenen Sirup zu dem Traubenansatz geben. Verschließen und durchschütteln. Für 3 Monate an einem dunklen und kühlen Ort zum Nachreifen stellen.

Ergibt etwa 1,1 L
Ruhezeit: 6 Wochen
Haltbarkeit: 8 Monate

Weißdornlikör „Für´s Herzerl"

30 g Weißdornblüten, getrocknet (= rund 6 EL)
1 EL Weißdornfrüchte, getrocknet
1 EL Rosmarin, getrocknet
1 EL Johanniskraut, getrocknet
1 Vanilleschote
½ Muskatnuss
100 ml Wasser
0,5 L Cognac oder Weinbrand
4 – 5 EL Agavendicksaft

Blätter, Kräuter und Früchte vermischen, die Vanilleschote aufschlitzen. Die Muskatnuss in Stücke schneiden. Alles zusammen in ein Ansatzgefäß geben und den Alkohol zufügen. Verschließen, durchschütteln und warm aber dunkel ruhen lassen.

Nach der Ruhezeit das Ganze klar filtern. Wasser aufkochen, den Agavendicksaft zufügen und noch lauwarm der Alkoholmischung zugeben. Nach Geschmack nachsüßen, abfüllen und kühl und dunkel lagern.

Ein wahres Elixier für alle, die leichte Probleme mit dem Herzen haben (Altersherz).

Ergibt etwa 0,6 L
Ruhezeit: 4 Wochen
Haltbarkeit: 6 Monate

Williamslikör

200 g getrocknete Williamsbirnen, nicht geschwefelt
0,5 L Obstwasser, 36%
100 ml Williamsbirnenwasser
200 ml destilliertes Wasser
½ Limette, unbehandelt
½ TL getrockneter Galgant
2 EL Blütenhonig
3 EL Ahornsirup

Die getrockneten Birnen in ein Ansatzgefäß schichten. Die Limette waschen und die Schale ohne die weiße Unterhaut abreiben. Mit der Galgantwurzel über die Birnen geben. Den Alkohol auffüllen und an einen warmen Ort zum Ruhen stellen.

Nach der Ruhezeit durchfiltern, die Birnen dabei fest durchdrücken. Klären mit einem Tuch oder Kaffeefilter. Honig und Ahornsirup im Wasser auflösen und dieses dann zugeben. Gut miteinander vermischen und abfüllen

Ergibt etwa 0,75 L
Ruhezeit: 4 Wochen
Haltbarkeit: 8 Monate

C. Anhang

Rezeptverzeichnis

(z) nach dem Rezeptnamen bedeutet, dass es sich um einen zuckerfreien Likör handelt

Compbook Verlag

Das Sirup-Kochbuch
Fruchtsirup, Blütensirup, Kräutersirup, Hustensirup und Kräuter-Honig
160 Rezepte für jede Jahreszeit
2., stark erweiterte Auflage
ISBN 978-3-934473-00-3, broschiert, EUR 11,90
ISBN 978-3-934473-91-1, Hardcover EUR 19,95

Kräuter- und Gewürzsalze
95 leckere Salzmischungen,
höllisch scharf bis himmlisch würzig
ISBN 978-3-934473-05-8, EUR 9,95

Frozen Yogurt
Lecker leichtes Joghurt – Eis selbst gemacht
ISBN 978-3-934473-12-6, EUR 9,95

Kräuterweine und Elixiere
110 Rezepte nach Hildegard von Bingen, Ayurveda
und aus der Naturheilkunde
ISBN 978-3-934473-03-4, EUR 10,95

Das neue Sirup-Kochbuch
Sirup aus Früchten, Blüten, Kräutern und Gewürzen für Kaffee, Tee, Cocktails,
Desserts, zum Würzen
Kräuter-Honig-Zubereitungen für die Gesundheit
200 erlesene Rezepte
ISBN 978-3-934473-02-7, EUR 13,90

Parfum Workshop
100 edle Düfte für Sie & Ihn
ISBN 978-3-934473-77-5, EUR 15,90

Heilpflanzen-Tinkturen
Wirksame Kräuterauszüge mit und ohne Alkohol selbst herstellen
ISBN 978-3-934473-20-2, EUR 9,95

Karl-Heinz Engler
Mein Energie – Tagebuch
Tipps und Tricks zum optimierten Energie-Management im Haus
ISBN 978-3-934473-07-2, EUR 9,95

David Woods & Elisabeth Engler
Go InSide!
Das David Woods Hypnose – Programm
In 3 Schritten abnehmen, nichtrauchen und selbstbewusster werden
2. Auflage
ISBN 978-3-934473-88-1, Hardcover, EUR 29,95

Elisabeth Engler
Dominika Lochbihler
Chihuahuas für Anfänger
Starthilfe für Anschaffung, Haltung, Erziehung und Pflege
ISBN 978-3-934473-04-1, EUR 9,95

Mein Chihuahua – Tagebuch
mit immerwährendem Kalender
ISBN 978-3-934473-08-9, EUR 9,95

Prager Rattler (Praský krysarík) für Anfänger
Auswahl und Kauf, Erziehung, Haltung, Pflege
ISBN 978-3-934473-13-3, EUR 10,95

Papillon und Phalène (Kontinentaler Zwergspaniel)
für Anfänger
Kauf, Auswahl, Haltung, Gesundheit, Pflege
ISBN 978-3-934473-14-0